2024

全国商業高等学校協会主催

情報処理検定試験

PASSPORT

パスポート

Excel 2016 2019 対応

解 答

3級

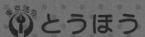

とうほう

第1章　表計算ソフトウェアの活用

 ヒント では，セルの計算式の例を示しています。

5 表の作成
練習問題

練習問題 5-1 （P.58）

	A	B	C	D	E	F
1						
2		ケーキショップ新商品の売上状況				
3						
4	月／商品	マンゴゼリー	小豆プリン	モモタルト	合計	平均
5	1月	120,000	162,750	186,000	468,750	156,250
6	2月	112,000	98,000	168,000	378,000	126,000
7	3月	279,000	217,000	434,000	930,000	310,000
8	4月	108,000	189,000	120,000	417,000	139,000
9	5月	254,200	217,000	120,000	591,200	197,067
10	6月	330,000	294,000	99,200	723,200	241,067
11	合計	1,203,200	1,177,750	1,127,200	3,508,150	
12	平均	200,533	196,292	187,867		

ヒント　[E5]　=SUM(B5:D5)

[F5]　=AVERAGE(B5:D5)

[B11]　=SUM(B5:B10)

[B12]　=AVERAGE(B5:B10)

練習問題 5-2 （P.59）

	A	B	C	D	E	F
1						
2		地区別子供会の行事費用				
3						
4	行事	東地区	西地区	南地区	合計	平均
5	歓　迎　会	42,000	40,000	36,000	¥118,000	39,333
6	ピクニック	10,470	10,050	9,500	¥30,020	10,007
7	プ　ー　ル	6,000	5,500	6,000	¥17,500	5,833
8	ピンポン大会	10,000	7,800	11,400	¥29,200	9,733
9	クリスマス会	34,900	29,100	30,156	¥94,156	31,385
10	七草粥の会	2,080	1,506	1,522	¥5,108	1,703
11	お　別　れ　会	13,000	34,000	35,741	¥82,741	27,580
12	合計	¥118,450	¥127,956	¥130,319	¥376,725	

ヒント　[E5]　=SUM(B5:D5)

[F5]　=AVERAGE(B5:D5)

[B12]　=SUM(B5:B11)

練習問題 5-3 (P.60)

	A	B	C	D	E	F	G	H
1								
2				語学学校平日の生徒数				
3								
4	コース名	月	火	水	木	金	合計	平均
5	日本語	12	10	8	10	11	51	10.2
6	韓国語	23	21	20	22	25	111	22.2
7	英語	40	45	51	48	50	234	46.8
8	フランス語	20	18	20	15	21	94	18.8
9	イタリア語	11	15	14	16	15	71	14.2
10	スペイン語	12	15	15	14	10	66	13.2
11	合計	118	124	128	125	132		
12	平均	19.7	20.7	21.3	20.8	22.0		
13								
14	生徒数計	627						

💡ヒント
[G5]　=SUM(B5:F5)

[H5]　=AVERAGE(B5:F5)

[B11]　=SUM(B5:B10)

[B12]　=AVERAGE(B5:B10)

[B14]　=SUM(G5:G10)

7 基本的な関数

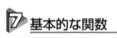

練習問題

練習問題 7-1 (P.91)

	A	B	C	D	E	F
1						
2		ケーキショップ新商品の売上状況				
3						
4	月／商品	マンゴゼリー	小豆プリン	モモタルト	合計	平均
5	1月	120,000	162,750	186,000	468,750	156,250
6	2月	112,000	98,000	168,000	378,000	126,000
7	3月	279,000	217,000	434,000	930,000	310,000
8	4月	108,000	189,000	120,000	417,000	139,000
9	5月	254,200	217,000	120,000	591,200	197,067
10	6月	330,000	294,000	99,200	723,200	241,067
11	合計	1,203,200	1,177,750	1,127,200	3,508,150	
12	平均	200,533	196,292	187,867		
13	最高	330,000	294,000	434,000		
14	最低	108,000	98,000	99,200		

💡ヒント
[B13]　=MAX(B5:B10)

[B14]　=MIN(B5:B10)

練習問題 7-2 （P.92）

▲	A	B	C	D	E
1					
2		フィットネスクラブの会員数			
3					
4	地区	正会員	60分会員	平日会員	合計
5	茨城	2,300	150	980	3,430
6	栃木	1,900	180	1,200	3,280
7	群馬	2,100	145	1,070	3,315
8	埼玉	2,350	130	860	3,340
9	千葉	2,330	240	1,000	3,570
10	東京	3,040	125	1,500	4,665
11	神奈川	2,850	170	1,380	4,400
12	平均	2,410	163	1,141	3,714
13	最高	3,040	240	1,500	4,665
14	最低	1,900	125	860	3,280

💡ヒント　[E5]　=SUM(B5:D5)

[B12]　=AVERAGE(B5:B11)

[B13]　=MAX(B5:B11)

[B14]　=MIN(B5:B11)

練習問題 7-3 （P.93）

▲	A	B	C	D	E	F	G	H
1								
2				体育の日ボウリング大会成績表				
3								
4	参加者	第1回	第2回	第3回	合計	平均	最高	最低
5	渡部　剛	140	157	155	452	151	157	140
6	金木裕子	154	148	178	480	160	178	148
7	北川紀夫	121	169	135	425	142	169	121
8	石山誠二	94	101	100	295	98	101	94
9	野澤弘	139	90	155	384	128	155	90
10	中野厚子	187	176	199	562	187	199	176
11	西　勇喜	88	91	77	256	85	91	77
12	大沢鉄郎	205	220	239	664	221	239	205
13	入川みさ	143	142	141	426	142	143	141
14								
15	最高スコア	239						
16	最低スコア	77						

💡ヒント　[E5]　=SUM(B5:D5)

[F5]　=AVERAGE(B5:D5)

[G5]　=MAX(B5:D5)

[H5]　=MIN(B5:D5)

[B15]　=MAX(G5:G13)

[B16]　=MIN(H5:H13)

練習問題 7-4 (P.97)

	A	B	C	D	E	F
1						
2		ケーキショップ新商品の売上状況				
3						
4	月／商品	マンゴゼリー	小豆プリン	モモタルト	合計	平均
5	1月	120,000	162,750	186,000	468,750	156,250
6	2月	112,000	98,000	168,000	378,000	126,000
7	3月	279,000	217,000	434,000	930,000	310,000
8	4月	108,000	189,000	120,000	417,000	139,000
9	5月	254,200	217,000	120,000	591,200	197,067
10	6月	330,000	294,000	99,200	723,200	241,067
11	合計	1,203,200	1,177,750	1,127,200	3,508,150	
12	平均	200,533	196,292	187,867		
13	最高	330,000	294,000	434,000		
14	最低	108,000	98,000	99,200		
15	判定	順調	順調			

💡ヒント　[B15]　=IF(B10>B12,"順調","")

練習問題 7-5 (P.98)

	A	B	C	D	E	F
1						
2		スイミングスクール昇級テスト記録表				
3						単位：秒
4	氏名／種目	自由形	平泳ぎ	合計タイム	基準タイム	判定
5	上川孝也	28.11	39.44	67.55	67.00	不合格
6	日野正平	27.23	39.03	66.26	67.00	合格
7	伊藤秀明	26.55	38.66	65.21	67.00	合格
8	真田博之	26.41	39.01	65.42	67.00	合格
9	福山正春	29.01	40.02	69.03	67.00	不合格
10	松岡雅弘	26.60	37.66	64.26	67.00	合格
11	西岡卓也	25.99	37.78	63.77	67.00	合格
12	平均	27.13	38.80			
13	最高記録	25.99	37.66			
14	最低記録	29.01	40.02			

💡ヒント　[D5]　=SUM(B5:C5)

[F5]　=IF(D5<=E5,"合格","不合格")

[B12]　=AVERAGE(B5:B11)

[B13]　=MIN(B5:B11)

[B14]　=MAX(B5:B11)

練習問題 7-6 (P.99)

	A	B	C	D	E	F	G	H
1								
2			夏期講習の成績と出席状況					
3								
4	氏名	模試1回	模試2回	模試3回	模試4回	受験回数	模試平均	結果
5	麻生雄太	65	70	68	88	4	72.8	夏休み
6	松田香織	欠	欠	71	79	2	75.0	夏休み
7	鈴本仁美	48	64	66	72	4	62.5	登校
8	追川あずき	48	70	76	97	4	72.8	夏休み
9	篠田美香子	59	欠	63	75	3	65.7	登校
10	白木　敦	欠	78	80	88	3	82.0	夏休み
11	最高	65	78	80	97			
12	最低	48	64	63	72			

💡ヒント 　[F5]　=COUNT(B5:E5)

　　　　　[G5]　=AVERAGE(B5:E5)

　　　　　[H5]　=IF(G5>=72,"夏休み","登校")

　　　　　[B11]　=MAX(B5:B10)

　　　　　[B12]　=MIN(B5:B10)

練習問題 7-7 (P.104)

	A	B	C	D
1				
2		ケーキショップ新商品の売上状況		
3				
4	月／商品名	マンゴゼリー	小豆プリン	モモタルト
5	4月	108,000	189,000	120,000
6	5月	254,200	217,000	120,000
7	6月	330,000	294,000	99,200
8	平均	230,700	233,300	113,100
9	伸び率	206%	56%	-18%
10	割合	47.6%	42.0%	29.2%

💡ヒント 　[B8]　=ROUND(AVERAGE(B5:B7),-2)

　　　　　[B9]　=ROUNDUP(B7/B5-1,2)

　　　　　[B10]　=ROUNDDOWN(B7/SUM(B5:B7),3)

練習問題

練習問題 9-1 (P.108)

	A	B	C	D	E	F
1						
2		ゴルフ成績表				
3						
4	選手名	1st	2nd	合計	通算	順位
5	ワトソン	69	71	140	-4	2
6	マキロイ	71	69	140	-4	2
7	マツヤマ	71	74	145	1	6
8	カプルス	72	67	139	-5	1
9	ウッズ	72	75	147	3	7
10	ヤン	73	70	143	-1	5
11	ビヨーン	73	76	149	5	9
12	クラーク	73	81	154	10	12
13	ミケルソン	74	68	142	-2	4
14	キム	74	76	150	6	10
15	ドナルド	75	73	148	4	8
16	イシカワ	76	77	153	9	11

ヒント　[D5]　=SUM(B5:C5)

[E5]　=D5-144

[F5]　=RANK(E5,$E$5:$E$16,1)

練習問題 9-2 (P.111)

	A	B	C	D	E	F
1						
2		ゴルフ成績表				
3						
4	選手名	1st	2nd	合計	通算	順位
5	カプルス	72	67	139	-5	1
6	マキロイ	71	69	140	-4	2
7	ワトソン	69	71	140	-4	2
8	ミケルソン	74	68	142	-2	4
9	ヤン	73	70	143	-1	5
10	マツヤマ	71	74	145	1	6
11	ウッズ	72	75	147	3	7
12	ドナルド	75	73	148	4	8
13	ビヨーン	73	76	149	5	9
14	キム	74	76	150	6	10
15	イシカワ	76	77	153	9	11
16	クラーク	73	81	154	10	12

練習問題 9-3 (P.112)

	A	B	C	D	E	F	G	H
1								
2			サッカーリーグ戦成績表					
3								
4	チーム名	勝	引分	負	得点	失点	勝ち点	得失点差
5	大阪	11	4	7	56	29	37	27
6	横浜	9	5	8	35	28	32	7
7	東京	10	2	10	38	39	32	-1
8	名古屋	7	8	7	32	38	29	-6
9	広島	7	5	10	30	41	26	-11
10	福岡	5	10	7	21	37	25	-16

並べ替え ? ×

ᴬ↓レベルの追加(A)　✕レベルの削除(D)　🖹レベルのコピー(C)　▲ ▼　オプション(O)...　☑ 先頭行をデータの見出しとして使用する(H)

列		並べ替えのキー		順序	
最優先されるキー	勝ち点 ∨	セルの値 ∨		大きい順 ∨	
次に優先されるキー	得失点差 ∨	セルの値 ∨		大きい順 ∨	

OK　キャンセル

💡ヒント　[G5]　=B5*3+C5*1

　　　　　[H5]　=E5-F5

練習問題 9-4 (P.115)

	A	B	C	D	E
1					
2	IDコード	種別	学年	組	番号
3	S2317	S	2	3	17

💡ヒント　[B3]　=LEFT(A3,1)

　　　　　[C3]　=MID(A3,2,1)

　　　　　[D3]　=MID(A3,3,1)

　　　　　[E3]　=RIGHT(A3,2)

練習問題 9-5 (P.116)

	A	B
1		
2	文字	数値
3	2,500円	2500

💡ヒント　[B3]　=VALUE(LEFT(A3,5))

練習問題 9-6 (P.118)

	A	B	C
1			
2	商品名	販売価格	税込価格
3	ノートパソコン	189,000	207,900円（税込）

💡ヒント　[C3]　=FIXED(B3*1.1,0,0)&"円（税込）"

練習問題 9-7 (P.120)

	A	B	C
1			
2	文字列	真中の位置	真中の文字
3	エクセルの勉強	4	ル
4	楽しいな	2	し

💡ヒント　[B3]　=ROUNDUP(LEN(A3)/2,0)

　　　　　[C3]　=MID(A3,B3,1)

練習問題 9-8 (P.124)

	A	B	C	D	E
1					
2	入場者数集計表				
3	月	入場者数			状況
4		大人	中高生	小学生以下	
5	4月	10,533	9,099	9,948	
6	5月	11,208	9,570	10,062	混雑
7	6月	6,135	6,093	5,790	
8	7月	4,491	5,193	5,055	
9	8月	11,645	9,749	9,644	混雑
10	9月	10,940	9,419	9,260	
11	平均	9,159	8,187	8,293	

💡ヒント　[E5]　=IF(SUM(B5:D5)>=30000,"混雑","")

　　　　　[B11]　=ROUND(AVERAGE(B5:B10),0)

練習問題 9-9 (P.124)

	A	B	C
1			
2	バス配車表		
3	団体名	参加者数	種類
4	北子供会	19	小型
5	第4町会	20	中型
6	東邦高校	40	大型
7	ばら幼稚園	29	中型
8	南製作所	30	大型

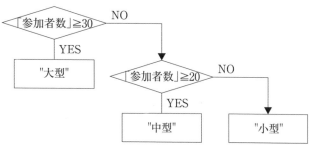

💡ヒント　[C4]　=IF(B4>=30,"大型",IF(B4>=20,"中型","小型"))

練習問題 9-10 (P.125)

	A	B	C
1			
2	ホテルの客室表		
3	ホテル名	客室数	分類
4	サンホテル	100	小規模
5	シーホテル	101	中規模
6	パークホテル	201	大規模
7	ムーンホテル	350	大規模
8	リバーホテル	200	中規模

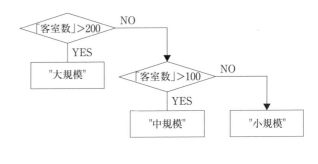

ヒント　[C4] =IF(B4>200,"大規模",IF(B4>100,"中規模","小規模"))

練習問題 9-11 (P.125)

	A	B	C
1			
2	野球対戦表		
3	チームA	チームK	結果
4	3	1	Aの勝ち
5	2	2	引き分け
6	6	8	Kの勝ち
7	0	4	Kの勝ち
8	11	5	Aの勝ち

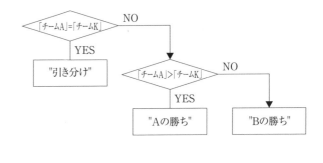

ヒント　[C4] =IF(A4=B4,"引き分け",IF(A4>B4,"Aの勝ち","Kの勝ち"))

【1】（P.126）

	A	B	C	D	E	F
1						
2		日帰りバスツアーの申し込み状況				
3						
4	ツアー名	子供	大人	合計	バス台数	判定
5	柿食べ放題	74	90	164	4	
6	秩父ＳＬ列車	51	79	130	3	
7	ミカン狩り	36	44	80	2	
8	三大紅葉巡り	22	48	70	2	
9	秋バラ鑑賞	7	13	20	1	中止
10	合計	190	274	464	12	

💡ヒント　[D5]　=SUM(B5:C5)

[E5]　=ROUNDUP(D5/50,0)

[F5]　=IF(D5<30,"中止","")

[B10]　=SUM(B5:B9)

【2】（P.127）

	A	B	C	D	E	F
1						
2		自動販売機の売上本数表				
3						
4	品名	山田商店	本田商店	森田商店	合計	割合
5	紅茶伝伝	122	133	146	401	36.40%
6	しょうちゃん	104	61	188	353	53.25%
7	ジョージ	148	100	98	346	28.32%
8	蜂蜜ミカン	60	75	50	185	27.02%
9	緑の水	155	88	120	363	33.05%
10			総合計	602	1,648	
11	取扱商品数		平均	120.4	329.6	
12	5		最高	188	401	
13			最低	50	185	

💡ヒント　[E5]　=SUM(B5:D5)

[F5]　=ROUNDDOWN(D5/E5,4)

[A12]　=COUNTA(A5:A9)

[D10]　=SUM(D5:D9)

[D11]　=ROUND(AVERAGE(D5:D9),1)

[D12]　=MAX(D5:D9)

[D13]　=MIN(D5:D9)

【3】(P.128)

	A	B	C	D	E	F
1						
2			リーグ収入一覧表			
3						(単位：百万円)
4	項目	前年度	今年度	合計	最高	最低
5	入会金・会費	978	1,045	2,023	1,045	978
6	放送権料	4,973	4,899	9,872	4,973	4,899
7	協賛金	4,296	4,003	8,299	4,296	4,003
8	商品化権料	678	665	1,343	678	665
9	リーグ主管試合入場料	300	290	590	300	290
10	その他	560	810	1,370	810	560
11	合計	11,785	11,712	23,497		
12	対前年度比		99.4%			

💡ヒント　　[D5]　=SUM(B5:C5)

[E5]　=MAX(B5:C5)

[F5]　=MIN(B5:C5)

[B11]　=SUM(B5:B10)

[C12]　=C11/B11

【4】(P.129)

	A	B	C	D	E	F	G	H
1								
2			ワープロ速度練習成果表					
3								
4	氏名	1回目	2回目	3回目	目標打数	達成率	順位	結果
5	石井恵美	787	821	814	800	102.19%	1	◎
6	高橋文夫	441	467	500	500	96.70%	2	○
7	田中梨奈子	599	700	733	800	89.57%	3	○
8	太田和子	300	402	490	500	89.20%	4	○
9	葉山美香	256	278	265	350	77.58%	5	△
10	吉川一輝	108	136	210	350	49.43%	6	△
11	最高	787	821	814				
12	最低	108	136	210				

💡ヒント　　[F5]　=ROUNDUP(AVERAGE(C5:D5)/E5,4)

[G5]　=RANK(F5,$F$5:$F$10,0)

[H5]　=IF(F5>100%,"◎",IF(F5>80%,"○","△"))

[B11]　=MAX(B5:B10)

[B12]　=MIN(B5:B10)

【5】(P.130)

	A	B	C	D	E	F	G	H
1								
2		部活動予算執行表						
3								
4	部コード	部名	種別	予算額	執行額	残高	執行率	備考
5	A21	吹奏楽	文化	250,000	174,300	75,700	70%	
6	B14	卓球	運動	120,000	115,000	5,000	96%	
7	B12	サッカー	運動	80,000	52,780	27,220	66%	
8	A22	生花茶道	文化	50,000	10,500	39,500	21%	★
9	B11	野球	運動	130,000	123,850	6,150	96%	
10	B15	テニス	運動	70,000	69,000	1,000	99%	
11		合計		700,000	545,430	154,570	78%	

ヒント

[C5] =IF(LEFT(A5,1)="A","文化","運動")

[F5] =D5-E5

[G5] =ROUNDUP(E5/D5,2)

[H5] =IF(G5=MIN($G$5:$G$10),"★","")

[D11] =SUM(D5:D10)

【6】(P.131)

	A	B	C	D	E	F	G	H
1								
2		お好み焼きメニューごとの売上個数一覧						
3								
4	メニュー	単価	4月	5月	6月	売上額	売上比率	備考
5	豚玉	550	197	190	193	319,000	20.4%	○
6	ミックス	600	236	247	291	464,400	29.8%	○
7	海鮮	680	81	139	142	246,160	15.8%	
8	チーズ	510	132	106	185	215,730	13.8%	
9	なっとう	530	227	208	153	311,640	20.0%	○
10		合計	873	890	964	1,556,930		
11		平均	175	178	193	311,386		

ヒント

[F5] =SUM(C5:E5)*B5

[G5] =ROUNDDOWN(F5/$F$10,3)

[H5] =IF(F5>=$F$11,"○","")

[C10] =SUM(C5:C9)

[C11] =AVERAGE(C5:C9)

【7】(P.132)

	A	B	C	D	E	F	G
1							
2		人口の地域別分布					
3					(単位：百万人)		
4	地域別	１９８０年	１９９０年	２０００年	２０１０年	増加率	備考
5	ヨーロッパ	693	721	727	733	0.06	
6	北アメリカ	376	429	492	547	0.45	
7	オセアニア	23	27	31	36	0.57	**
8	アフリカ	482	639	819	1,033	1.14	**
9	アジア	2,623	3,179	3,698	4,167	0.59	**
10	南アメリカ	241	296	347	393	0.63	**
11	全世界	4,438	5,291	6,114	6,909	0.56	
12					最大	1.14	
13					最小	0.06	

💡ヒント
- [F5]　=ROUND(E5/B5-1,2)
- [G5]　=IF(F5>$F$11,"**","")
- [B11]　=SUM(B5:B10)
- [F12]　=MAX(F5:F10)
- [F13]　=MIN(F5:F10)

【8】(P.133)

	A	B	C	D	E	F	G
1							
2				進路先別人数一覧表			
3							
4	進路先	東高校	西高校	南高校	北高校	進路別合計	進路別割合
5	四年制大学	45	52	57	46	200	25.3%
6	短期大学	12	13	12	12	49	6.2%
7	専門学校	90	69	49	43	251	31.7%
8	民間就職	40	58	66	86	250	31.6%
9	その他	16	6	11	9	42	5.3%
10	合計	203	198	195	196	792	100.0%
11	大学割合	28.0%	32.8%	35.3%	29.5%	31.4%	
12	就職割合	19.7%	29.2%	33.8%	43.8%	31.5%	
13	備考	大学	大学	大学	就職	就職	

💡ヒント
- [F5]　=SUM(B5:E5)
- [G5]　=F5/$F$10
- [B10]　=SUM(B5:B9)
- [B11]　=ROUNDDOWN((B5+B6)/B10,3)
- [B12]　=ROUNDDOWN(B8/B10,3)
- [B13]　=IF(B11>B12,"大学","就職")

【9】(P.134)

	A	B	C	D	E	F	G	H
1								
2		クリスマスケーキの売上集計表						
3								
4	商品コード	単価	数量			合計金額	割合	判定
5			12月23日	12月24日	12月25日			
6	N53000	3,000	5	20	12	111,000	16.6%	C
7	N64000	4,000	6	31	18	220,000	33.0%	A
8	C52800	2,800	3	13	13	81,200	12.2%	C
9	C53800	3,800	4	18	16	144,400	21.6%	B
10	I52500	2,500	3	11	5	47,500	7.1%	C
11	I63500	3,500	6	9	3	63,000	9.4%	C
12	合計		27	102	67	667,100		

💡ヒント
[B6] =VALUE(RIGHT(A6,4))

[F6] =B6*SUM(C6:E6)

[G6] =ROUND(F6/$F$12,3)

[H6] =IF(G6>=30%,"A",IF(G6>=20%,"B","C"))

[C12] =SUM(C6:C11)

【10】(P.135)

	A	B	C	D	E	F	G	H
1								
2			社内新商品選考会評価表					
3								
4	商品番号	種別	評価				得点計	結果
5			社長	審査員A	審査員B	審査員C		
6	S002	サラダ	90	85	85	80	173	商品化
7	D003	デザート	75	90	85	90	163	商品化
8	D001	デザート	75	80	85	80	157	再チャレンジ
9	D002	デザート	80	80	70	70	153	再チャレンジ
10	S003	サラダ	65	65	65	65	130	再チャレンジ
11	D004	デザート	60	65	65	60	123	
12	S001	サラダ	60	40	55	60	112	
13						平均	144	
14						最高	173	
15						商品数	7	

💡ヒント
[B6] =IF(LEFT(A6,1)="D","デザート","サラダ")

[G6] =ROUND(C6+AVERAGE(D6:F6),0)

[H6] =IF(G6>=160,"商品化",IF(G6>=130,"再チャレンジ",""))

[G13] =AVERAGE(G6:G12)

[G14] =MAX(G6:G12)

[G15] =COUNTA(A6:A12)

【11】(P.136)

	A	B	C	D	E	F	G
1							
2		区立図書館の貸出冊数一覧表					
3							
4	図書館名	一般図書	児童図書	雑誌	その他	合計	備考
5	本町	138,714	35,645	13,921	1,881	190,161	○
6	西が丘	120,564	30,939	19,855	6,039	177,397	○
7	新町	95,466	39,991	13,723	1,782	150,962	△
8	大宮	106,581	24,261	14,918	1,419	147,179	△
9	和泉	94,373	34,298	15,906	1,749	146,326	△
10	合計	555,698	165,134	78,323	12,870	812,025	
11	平均	111,140	33,027	15,665	2,574	162,405	
12	最大	138,714	39,991	19,855	6,039	190,161	
13	最小	94,373	24,261	13,723	1,419	146,326	
14	図書館数	5					

💡ヒント

[F5] = SUM(B5:E5) [B12] =MAX(B5:B9)

[G5] =IF(F5>$F$11,"○","△") [B13] =MIN(B5:B9)

[B10] =SUM(B5:B9) [B14] =COUNTA(A5:A9)

[B11] =AVERAGE(B5:B9)

【12】(P.138)

	A	B	C	D	E	F
1						
2		夏野菜の世帯主の年齢階級別年間購入量				
3					(単位：kg)	
4	年齢階級	1世帯当たり購入量			購入量計	割合
5		トマト	なす	きゅうり		
6	29歳以下	4.7	2.7	4.3	11.7	11.9%
7	30～39歳	7.0	2.4	5.4	14.8	15.0%
8	40～49歳	8.2	3.1	6.7	18.0	18.3%
9	50～59歳	10.6	4.6	8.5	23.7	24.1%
10	60歳以上	14.1	5.8	10.1	30.0	30.5%
11	合計	44.6	18.6	35.0	98.2	
12	平均	8.9	3.7	7.0	19.6	
13	最高	14.1	5.8	10.1	30.0	
14	順位	1	3	2		

💡ヒント

[E6] =SUM(B6:D6)

[F6] =ROUNDDOWN(E6/$E$11,3)

[B11] =SUM(B6:B10)

[B12] =AVERAGE(B6:B10)

[B13] =MAX(B6:B10)

[B14] =RANK(B11,$B$11:$D$11,0)

菜の花テーマパーク売上集計表

1．入場者数の集計

月	大人	子供	合計	順位	状況
4月	661	775	1,436	6	
5月	940	864	1,804	3	混雑
6月	667	772	1,439	5	
7月	1,909	1,637	3,546	2	混雑
8月	1,802	1,796	3,598	1	混雑
9月	740	904	1,644	4	
平均	1,120	1,125			

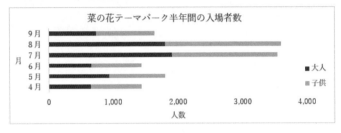

菜の花テーマパーク半年間の入場者数

2．入場料金集計表

月	大人	子供	合計
4月	1,322,000	775,000	2,097,000
5月	1,880,000	864,000	2,744,000
6月	1,334,000	772,000	2,106,000
7月	3,818,000	1,637,000	5,455,000
8月	3,604,000	1,796,000	5,400,000
9月	1,480,000	904,000	2,384,000
最大	3,818,000	1,796,000	
最小	1,322,000	772,000	

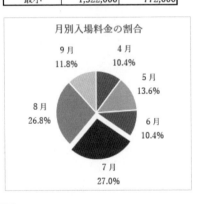

月別入場料金の割合

💡ヒント

[E6]	=SUM(C6:D6)	[F6]	=RANK(E6,$E$6:$E$11,0)
[G6]	=IF(E6>=1800,"混雑","")		
[C12]	=ROUND(AVERAGE(C6:C11),0)		
[C27]	=C6*2000	[D27]	=D6*1000
[E27]	=SUM(C27:D27)	[C33]	=MAX(C27:C32)
[C34]	=MIN(C27:C32)		

第2章　表計算ソフトウェアに関する知識

練習問題 2-1 (P.151)　(1)　行高　(2)　罫線　(3)　中央揃え　(4)　昇順または正順　(5)　=
(6)　複写（コピー）　(7)　^（べき乗）　(8)　比較演算子

練習問題 2-2 (P.152)　(1)　ク　(2)　ケ　(3)　カ　(4)　キ　(5)　エ
(6)　オ　(7)　コ　(8)　ア　(9)　イ　(10)　ウ

練習問題 2-3 (P.152)　(1)　ア　(2)　カ　(3)　ウ　(4)　イ　(5)　エ　(6)　オ

練習問題 2-4 (P.153)　(1)　TEA　(2)　ROYAL　(3)　MILK　(4)　12

練習問題 2-5 (P.153)　(1)　=SUM(B5:D5)
(2)　=IF(E5<=50000,"努力","")
(3)　=RANK(E5,$E$5:$E$9,0)
(4)　=ROUNDUP(AVERAGE(B5:B9),-2)
(5)　=MAX(B5:B9)
(6)　=MIN(B5:B9)

練習問題 3-1 (P.156)　(1)　棒グラフ　(2)　レーダーチャート　(3)　切り離し円グラフ
(4)　積み上げ棒グラフ　(5)　折れ線グラフ　(6)　100％積み上げ棒グラフ

練習問題 3-2 (P.157)　切り離し円グラフ

練習問題 3-3 (P.157)　(1)　エ　(2)　ウ

練習問題 3-4 (P.157)　(1)　イ　(2)　ウ　(3)　イ

章末総合問題 (P.158)

【1】問1　ウ　　問2　イ　　問3　ア　　問4　ウ

【2】問1　ウ　　問2　ア　　問3　イ　　問4　ウ　　問5　ウ

【3】問1　オ　　問2　イ　　問3　ウ　　問4　ケ　　問5　ク

【4】問1　イ　　問2　エ　　問3　ク　　問4　サ　　問5　コ

【5】問1　①キ　②ケ　　③エ　　④ウ　　⑤イ
問2　ウ　　問3　ア　　問4　イ　　問5　ア　　問6　ウ

【6】問1　①ケ　②ク　　③カ　　④エ　　⑤ウ
問2　ウ　　問3　ア　　問4　イ　　問5　ア　　問6　イ

【1】 問1 ウ 問2 ア 問3 イ 問4 イ 問5 ア
　　 問6 282.6 問7 ウ 問8 ア 問9(1) イ 問9(2) ウ

【2】 問1 ア 問2 イ 問3 ウ 問4 ウ 問5 ア
　　 問6 126 問7 ア 問8 イ 問9(1) ウ 問9(2) イ

【3】 問1① 小ホール ② 215 ③ 102 ④ 335 ⑤ 380
　　 問2 ア 問3 イ 問4 ウ 問5 ウ

【4】 問1① 文芸 ② 1,150 ③ 1,010 ④ 1,110 ⑤ 320
　　 問2 ウ 問3 ア 問4 ウ 問5 イ

【5】 問1① 760 ② 950 ③ 1,010 ④ 1,160 ⑤ 560
　　 問2 イ 問3 ウ 問4 イ 問5 ア

【6】 問1① 70 ② 3,595 ③ 1,800 ④ 1,306 ⑤ 1,188
　　 問2 ア 問3 イ 問4 ウ 問5 イ

第3章　コンピュータの基礎知識

練習問題 1-1	(P.189)	(1) イ (2) ク (3) カ (4) オ (5) エ
練習問題 1-2	(P.189)	(1) ア (2) イ (3) ア (4) ウ (5) ウ
練習問題 1-3	(P.190)	(1) ケ (2) キ (3) オ (4) ウ (5) ア
練習問題 1-4	(P.190)	(1) ウ (2) エ (3) ア (4) キ (5) ク
練習問題 1-5	(P.190)	(1) カーソル (2) ○ (3) スクロール (4) バッチ (5) ○
練習問題 1-6	(P.191)	(1) イ (2) ア (3) エ (4) ク (5) キ
練習問題 1-7	(P.191)	(1) 1101 (2) 11010 (3) 100010 (4) 10 (5) 23 (6) 54
練習問題 1-8	(P.191)	(1) イ (2) ア (3) ア (4) イ (5) ア
練習問題 2-1	(P.195)	(1) カ (2) ア (3) ク (4) エ (5) オ (6) イ
練習問題 2-2	(P.195)	(1) オ (2) キ (3) ケ (4) ア (5) カ
練習問題 3-1	(P.199)	(1) エ (2) カ (3) イ (4) ア (5) オ (6) コ
練習問題 3-2	(P.199)	(1) カ (2) ク (3) ウ (4) ア (5) キ (6) イ (7) オ (8) エ

章末総合問題 (P.200)

【1】 (1) ク (2) ア (3) エ (4) ウ (5) キ
【2】 1. イ 2. ア 3. ウ 4. ウ 5. ア
【3】 1. エ 2. ク 3. カ 4. ア 5. ケ
【4】 (1) ク (2) カ (3) コ (4) オ (5) エ

章末検定問題 (P.202)

【1】 1. オ 2. ウ 3. ク 4. コ 5. イ
【2】 1. カ 2. ア 3. キ 4. エ 5. ケ
【3】 1. エ 2. ウ 3. ケ 4. カ 5. コ
【4】 1. エ 2. ク 3. コ 4. イ 5. キ
【5】 1. オ 2. イ 3. キ 4. エ 5. ア
【6】 1. オ 2. ア 3. キ 4. エ 5. コ
【7】 1. ケ 2. エ 3. イ 4. キ 5. カ
【8】 1. ア 2. カ 3. コ 4. オ 5. ケ
【9】 1. ウ 2. ウ 3. ア 4. イ 5. ア
【10】 1. イ 2. イ 3. ウ 4. ア 5. ウ
【11】 1. ウ 2. ウ 3. イ 4. イ 5. ウ
【12】 1. イ 2. ウ 3. イ 4. ア 5. ウ

第４章　プログラムに関する知識

練習問題 6-1 (P.217)

◆トレース表

件数	変数	C	G	S	T	K
1件目	（ア）	0	0	20	30	－
	（イ）	0	0	20	30	600
	（ウ）	0	600	20	30	600
	（エ）	1	600	20	30	600
2件目	（ア）	1	600	50	50	600
	（イ）	1	600	50	50	2500
	（ウ）	1	2600	50	50	2000
	（エ）	2	2600	50	50	2000
3件目	（ア）	2	2600	30	40	2000
	（イ）	2	2600	30	40	1200
	（ウ）	2	3560	30	40	960
	（エ）	3	3560	30	40	960
4件目	（ア）	3	3560	40	20	960
	（イ）	3	3560	40	20	800
	（ウ）	3	4360	40	20	800
	（エ）	4	4360	40	20	800
5件目	（ア）	4	4360	0	0	800

◆最後に表示されるHの値　1090

◆トレース表

回数	M	G	K	N	L
1回目	10000	5000	2543	2	1
2回目	1000	500	43	2	1
3回目	100	50	43	0	0
4回目	10	5	3	4	0
5回目	1	0	0	3	1

◆解答

(1)	N	2
	L	1
(2)		0
(3)	N	3
	L	1

章末総合問題 (P.219)

【1】問1. 24　　問2. 88

【2】問1. 4　　問2. 6

【3】問1. 10　　問2. 39

【4】問1. 0　　問2. 1

【5】問1. 14　　問2. 55

【6】問1. 6　　問2. 14

章末検定問題 (P.222)

【1】(1) 30　(2) 20　(3) 5(回)　(4) 210　(5) ウ

【2】(1) 1　(2) 1101　(3) 3(回)　(4) 11011　(5) ウ

【3】(1) 5　(2) 2(回)　(3) 81　(4) 1　(5) ア

あ	あ	い	う	え	お
	A	I	U	E	O
	ぁ	ぃ	ぅ	ぇ	ぉ
	LA	LI	LU	LE	LO
	XA	XI	XU	XE	XO

か	か	き	く	け	こ
	KA	KI	KU	KE	KO
	きゃ	きぃ	きゅ	きぇ	きょ
	KYA	KYI	KYU	KYE	KYO
	くぁ				
	QWA				
	が	ぎ	ぐ	げ	ご
	GA	GI	GU	GE	GO
	ぎゃ	ぎぃ	ぎゅ	ぎぇ	ぎょ
	GYA	GYI	GYU	GYE	GYO
	ぐぁ				
	GWA				

さ	さ	し	す	せ	そ
	SA	SI	SU	SE	SO
		SHI			
	しゃ	しぃ	しゅ	しぇ	しょ
	SYA	SYI	SYU	SYE	SYO
	SHA		SHU	SHE	SHO
	ざ	じ	ず	ぜ	ぞ
	ZA	ZI	ZU	ZE	ZO
		JI			
	じゃ	じぃ	じゅ	じぇ	じょ
	JYA	JYI	JYU	JYE	JYO
	ZYA	ZYI	ZYU	ZYE	ZYO
	JA		JU	JE	JO

た	た	ち	つ	て	と
	TA	TI	TU	TE	TO
		CHI	TSU		
	ちゃ	ちぃ	ちゅ	ちぇ	ちょ
	TYA	TYI	TYU	TYE	TYO
	CYA	CYI	CYU	CYE	CYO
	CHA		CHU	CHE	CHO
	つぁ	つぃ		つぇ	つぉ
	TSA	TSI		TSE	TSO
	てゃ	てぃ	てゅ	てぇ	てょ
	THA	THI	THU	THE	THO
			とぅ		
			TWU		
	だ	ぢ	づ	で	ど
	DA	DI	DU	DE	DO
	ぢゃ	ぢぃ	ぢゅ	ぢぇ	ぢょ
	DYA	DYI	DYU	DYE	DYO
	でゃ	でぃ	でゅ	でぇ	でょ
	DHA	DHI	DHU	DHE	DHO

な	な	に	ぬ	ね	の
	NA	NI	NU	NE	NO
	にゃ	にぃ	にゅ	にぇ	にょ
	NYA	NYI	NYU	NYE	NYO

は	は	ひ	ふ	へ	ほ
	HA	HI	HU	HE	HO
			FU		
	ひゃ	ひぃ	ひゅ	ひぇ	ひょ
	HYA	HYI	HYU	HYE	HYO
	ふぁ	ふぃ		ふぇ	ふぉ
	FA	FI		FE	FO
	ふゃ	ふぃ	ふゅ	ふぇ	ふょ
	FYA	FYI	FYU	FYE	FYO
	ば	び	ぶ	べ	ぼ
	BA	BI	BU	BE	BO
	びゃ	びぃ	びゅ	びぇ	びょ
	BYA	BYI	BYU	BYE	BYO
	ぱ	ぴ	ぷ	ぺ	ぽ
	PA	PI	PU	PE	PO
	ぴゃ	ぴぃ	ぴゅ	ぴぇ	ぴょ
	PYA	PYI	PYU	PYE	PYO

ま	ま	み	む	め	も
	MA	MI	MU	ME	MO
	みゃ	みぃ	みゅ	みぇ	みょ
	MYA	MYI	MYU	MYE	MYO

や	や	い	ゆ	いぇ	よ
	YA	YI	YU	YE	YO
	ゃ	ぃ	ゅ	ぇ	ょ
	LYA	LYI	LYU	LYE	LYO
	XYA	XYI	XYU	XYE	XYO

ら	ら	り	る	れ	ろ
	RA	RI	RU	RE	RO
	りゃ	りぃ	りゅ	りぇ	りょ
	RYA	RYI	RYU	RYE	RYO

わ	わ	うぃ	う	うぇ	を
	WA	WI	WU	WE	WO

ん	ん	ん			
	NN	N			

ヴぁ	ヴぁ	ヴぃ	ヴ	ヴぇ	ヴぉ
	VA	VI	VU	VE	VO

っ	っ				
	LTU　（単独で入力するとき）				
	XTU				

A1XKB

全国商業高等学校協会主催

情報処理検定試験

PASSPORT

パスポート

Excel 2016 2019 対応

3級

もくじ

第1章　表計算ソフトウェアの活用

第2章　表計算ソフトウェアに関する知識

第3章　コンピュータの基礎知識

第4章 プログラムに関する知識

◆本書は，Excel2016とExcel2019に対応しています。本文中の入力手順や解答例は，主にExcel2016で解説していますが，Excel2016とExcel2019で操作方法が異なるものについては，2019 のマークを付けて解説してあります。

◆Excelの完成例データ・速習版データ，Excel2013利用者のための補足などをご用意しています。とうほうのホームページよりダウンロードしてご活用ください。

第1章

表計算ソフトウェアの活用

Windowsの起動と終了

1. Windowsの起動

Windowsを起動し，最初に表示される画面を「ロック画面」といい，画面上でマウスをクリックすると，IDとパスワードを入力する画面が表示される。

〈ロック画面〉

IDとパスワードを入力すると次のような「デスクトップ画面」が表示される。

「デスクトップ画面」にはタイルのようなアイコンが配置され，作業可能な状態となる。

2. 画面の構成

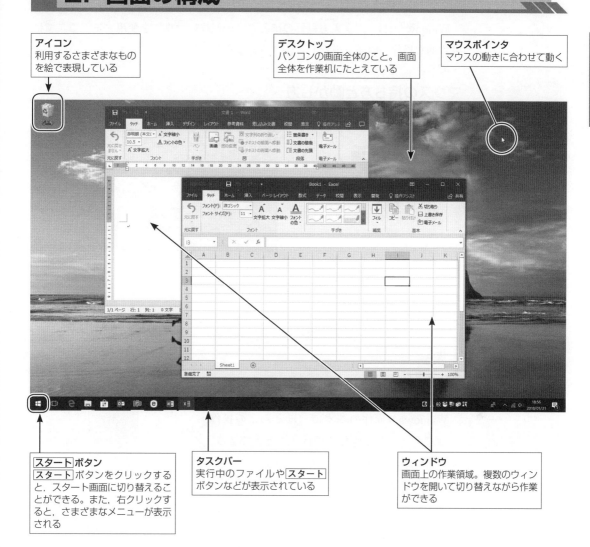

アイコン
利用するさまざまなものを絵で表現している

デスクトップ
パソコンの画面全体のこと。画面全体を作業机にたとえている

マウスポインタ
マウスの動きに合わせて動く

スタート ボタン
スタート ボタンをクリックすると，スタート画面に切り替えることができる。また，右クリックすると，さまざまなメニューが表示される

タスクバー
実行中のファイルや スタート ボタンなどが表示されている

ウィンドウ
画面上の作業領域。複数のウィンドウを開いて切り替えながら作業ができる

第1章

3. マウスの操作

Windowsでは，文字入力以外のほとんどの操作にマウスを使用する。ここでは，基本的な操作のポイントをしっかり覚えよう。

マウスの持ち方と動かし方

マウスの持ち方
人差し指を左ボタンに，中指を右ボタンに置く

マウスの移動
マウスを動かした方向に画面上のマウスポインタが移動する

マウスの調整
マウスの感度やスピード，右きき，左ききなどは，自分に合った設定に変えることができる

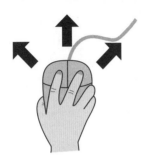

マウスポインタは，マウスを動かした方向に動く

① **ポイント**

マウスのボタンを押す前には，必ず操作したいものにマウスポインタを合わせる。

② **左クリック**

マウスの左ボタンを1回押すことをいう。Windowsの操作の基本で，ほとんどの操作は左クリック1つだけで行うことができる。通常は単に**クリック**と呼んでいる。

③ **右クリック**

マウスの右ボタンを1回押すことをいう。デスクトップ上やフォルダ，ファイルなどをポイントして押すと，「ショートカットメニュー」という右クリックした対象物に対応したメニューが表示される。

④ **ダブルクリック**

マウスの左ボタンをすばやく2回押すことをいう。ファイルやフォルダを開くときなどに使う。

⑤ **ドラッグ&ドロップ**

対象物をポイントしてマウスの左ボタンを押しながら移動することを**ドラッグ**，行き先でボタンを離すことを**ド**

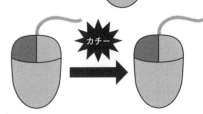

ロップという。マウスで文字や図を移動したりするときに使う。

4. Windowsの終了

Windowsの終了は，次の手順で行う。

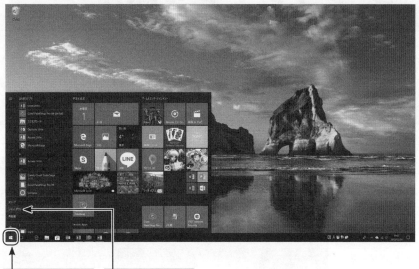

シャットダウン
コンピュータの電源を切れる状態にすること

①**スタート**ボタンを右クリックし，[シャットダウンまたはサインアウト]をクリックする

②[シャットダウン]をクリックする

上記の操作を行うと自動的に電源が切れる。

第1章

2 ウィンドウの操作

ウィンドウは，複数表示ができ，作業をしやすいように大きさを変更したり，位置を移動させることができる。

1. ウィンドウを開く

ここでは，「エクスプローラー」のウィンドウを開いてみよう。

[スタート]ボタンをクリックし，[エクスプローラー]をクリックする

タイトルバー
ウィンドウの名前，最小化・最大化・閉じるボタンが表示されている

[エクスプローラー]のウィンドウ

2. ウィンドウのサイズの変更

ウィンドウのサイズを次のように変更してみよう。

（1）最大化

ウィンドウを画面いっぱいに表示する。

最大化 ボタン

最大化 ボタンをクリックする

最大化 ボタンが 元に戻す ボタンに変わる。

（2）元のサイズに戻す

ウィンドウを元のサイズに戻してみよう。

元に戻す ボタン

元に戻す ボタンをクリックする

第1章

（3）最小化

ウィンドウを非表示にし，タスクバー上のボタンに収納することができる。

最小化 ボタン

①最小化 ボタンを
クリックする

②画面からウィンドウが消
え，タスクバーのアイコ
ンの表示が変更される。
クリックすると，最小化
する前のサイズに戻る

（4）サイズ変更

マウスポインタをウィンドウの枠に合わせると，合わせる場所によってマウス
ポインタの形が ⬉ ⬈ ⬌ ⬍ のいずれかに変化する。この状態でドラッグすると
ウィンドウのサイズを変更することができる。

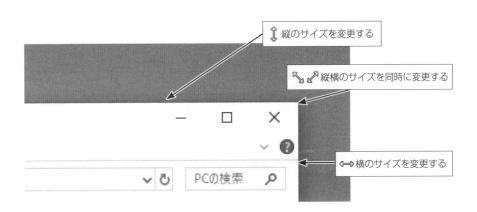

⬍ 縦のサイズを変更する

⬉⬈ 縦横のサイズを同時に変更する

⬌ 横のサイズを変更する

3. ウィンドウの移動

ウィンドウの位置は自由に移動することができる。

マウスポインタを
[タイトルバー]
に合わせ，左下に
ドラッグする

ウィンドウを移動した。

4. スクロールバー

　ウィンドウのサイズを小さくし，ファイルやフォルダなどがウィンドウに表示しきれなくなると，ウィンドウの右端や下に**スクロールバー**が表示される。ウィンドウの表示範囲を上下左右に移動することをスクロールという。

　[スタート]ボタンから［エクスプローラー］をクリックし，ウィンドウサイズを小さくしてみよう。

[スタート]ボタンを
クリックし，［エク
スプローラー］をク
リックする

スクロールアロー
クリックすると，ウ
ィンドウが少しだけ
スクロールする

スクロールボックス
ドラッグすると，マ
ウスを動かした方向
に動かした分だけ動
かした速度に応じて
スクロールする

スクロールエリア
クリックすると，ウ
ィンドウが1画面分
スクロールする

5. ウィンドウを閉じる

　ウィンドウを閉じるには，次のように操作する。

[閉じる]ボタンをクリックする

[閉じる]**ボタン**
　　×

Excelの基礎

1. Excelとは

Excelは**表計算ソフトウェア**の1つで，表計算・グラフ・データベースの3つの機能が統合されたアプリケーションソフトウェアである。

（1）表計算機能

数値や文字列などのデータを入力し，数式や関数などを使い，金額計算や集計処理などを行い，表（ワークシート）を作成することができる。計算にはセル（後述）を使用し，効率よく処理ができる。

	A	B	C	D	E
1			売上一覧表		
2					
3	商品コード	品名	単価	数量	売上金額
4	2012	パソコン	¥150,000	5	¥750,000
5	2125	プリンタ	¥35,000	14	¥490,000
6	2160	スキャナ	¥20,000	3	¥60,000
7	2365	DVD	¥30,000	8	¥240,000
8	2450	ディジタルカメラ	¥40,000	10	¥400,000
9				売上合計	¥1,940,000

（2）グラフ機能

ワークシートに入力されたデータを利用して，棒グラフや円グラフなど各種のグラフを作成することができる。

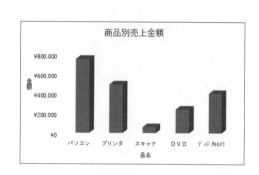

（3）データベース機能

作成されたワークシートの中から，ある条件に一致したデータを探し出したり，並べ替えたりすることができる。

	A	B	C	D	E
1			売上一覧表		
2					
3	商品コード	品名	単価	数量	売上金額
4	2012	パソコン	¥150,000	5	¥750,000
5	2125	プリンタ	¥35,000	14	¥490,000
6	2450	ディジタルカメラ	¥40,000	10	¥400,000
7	2365	DVD	¥30,000	8	¥240,000
8	2160	スキャナ	¥20,000	3	¥60,000
9				売上合計	¥1,940,000

（売上金額を大きい順に並べ替えた例）

2. Excelの起動

Excelを起動させてみよう。

①スタート画面のスタートボタンをクリックする　②アプリから [Excel2016] をクリックする

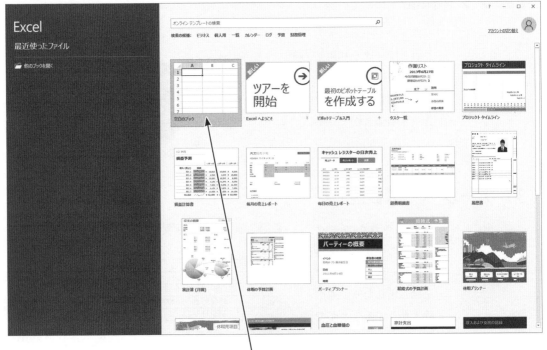

③[空白のブック] をクリックする

3.　Excelの基本画面

Excel 2016を起動すると，次のようなウィンドウが開く。

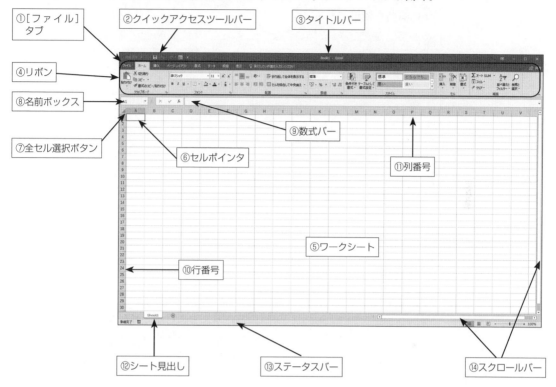

① ［ファイル］タブ

　②クイックアクセスツールバー

　③タイトルバー

　④リボン

　⑧名前ボックス

　⑦全セル選択ボタン

　⑨数式バー

　⑥セルポインタ

　⑪列番号

　⑤ワークシート

　⑩行番号

　⑫シート見出し

　⑬ステータスバー

　⑭スクロールバー

① ［ファイル］タブ

　［ファイルを開く］や［印刷］などの基本的なメニューやExcelのオプション
を表示する。

② クイックアクセスツールバー

　上書き保存などのよく使うボタンが配置されている。

③ タイトルバー

　編集中のブックのファイル名とソフト名が表示される。

④ リボン

　Excelで操作するコマンド（命令）の集まりで，各リボンにそれぞれコマン
ドが配置されている。

⑤ ワークシート

　表やグラフ・データベースの作成や操作を行う領域のことで，行と列で構成
されている。画面上に見えているのは一部分であり，実際には1,048,576行×
16,384列を使用できる。

⑥ セルポインタ

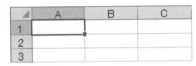

　ワークシート上のマス目のことをセルといい，マス目が太線になっているセルのことをセルポインタと呼ぶ。セルポインタがあるセルをアクティブ（カレント）セルといい，データの入力や編集を行うことができる。

⑦ 全セル選択ボタン

━━クリックすると，ワークシートのすべてのセルを選択できる。

⑧ 名前ボックス

　操作対象になっているセルのセル番地（列番号と行番号からなるセルの位置）や指定した範囲などが表示される。

⑨ 数式バー

　現在入力中のデータや数式，すでに入力されたセル内のデータや数式などが表示される。

⑩ 行番号

ワークシートの縦の方向を示し，1～1,048,576までの数字で表示される。

⑪ 列番号

ワークシートの横の方向を示し，A～XFDまでのアルファベットで表示される。

⑫ シート見出し

各ワークシートの名前のことで，それぞれのシート見出しをクリックすれば，ワークシートを切り替えることができる。シート見出しは名前を変更することもできる。

⑬ ステータスバー

現在Excelが行っている操作に関する情報が表示される。たとえば，［ホーム］リボンの（コピー）ボタンをクリックすると，ステータスバーに「コピー先を選択し，Enterキーを押すか，貼り付けを選択します。」のように表示される。

⑭ スクロールバー

画面上に表示されているワークシートを上下左右に移動させるもの。

シートとブック

ワークシート（シート）は，Excelでデータの入力や編集に使う画面上の1枚

のシート（用紙）である。複数のシートがあり，各シートはシート見出しで管理する。「Sheet1」，「Sheet2」と名前を付けられているが，［ホーム］リボンの［書式］ボタン→［シートの整理］の［シート名の変更］などで名前を変更することができる。

ブック（book：本）は，1枚以上のワークシートを1つにまとめたExcelのファイルである。ワークシートの追加は，［ホーム］リボンの［挿入］ボタン→［シートの挿入］で追加できる。

名前の変更
名前の変更はシート見出しをダブルクリックしてもできる

ワークシートの追加
シート見出しバーの⊕をクリックしても追加できる

ワークシート

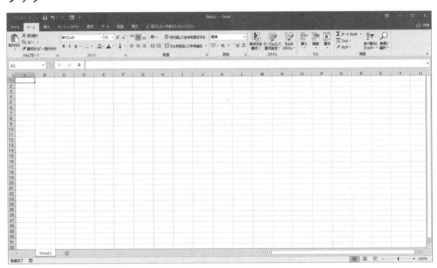

ブック

4. マウスポインタ

　　マウスポインタは，マウスの動きに応じて移動し，画面上の位置や作業内容によって形が変わるようになっている。

⇖	リボンのボタンをクリックするとき
⊹	マウスポインタがワークシート上にあるとき
I	マウスポインタが数式バー上にあるときや，入力または編集中のセル上にあるとき
＋	アクティブセルや範囲指定した右下隅にマウスポインタを合わせると表示され，これを**フィルハンドル**という（連続したデータの入力やコピーのときに使う）
↕	列幅や行の高さを変更するとき
⭲	データを移動するとき

5. セルの範囲指定

　　Excelでは，セルの範囲指定が大変多く使われる。ここでは，基本的な範囲指定の方法を学習する。

　　セルの範囲を指定する方法には，ドラッグするか，範囲の端をクリックしたあと，もう一方の端を Shift キーを押しながらクリックする方法がある。

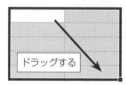

ドラッグする

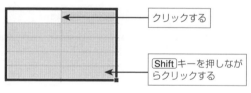

クリックする

Shift キーを押しながらクリックする

　　また，複数の範囲を指定する場合には，1つ目の範囲を指定したあと，Ctrl キーを押しながら2つ目以降の範囲をドラッグする。

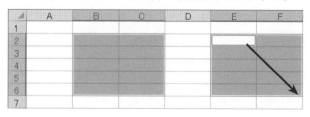

Ctrl キーを押しながらドラッグする

ワンポイントアドバイス

　　範囲を変更するには Shift キーを押しながらクリックする。

6. Excelの終了

Excelの終了は次の方法で行う。

第1章

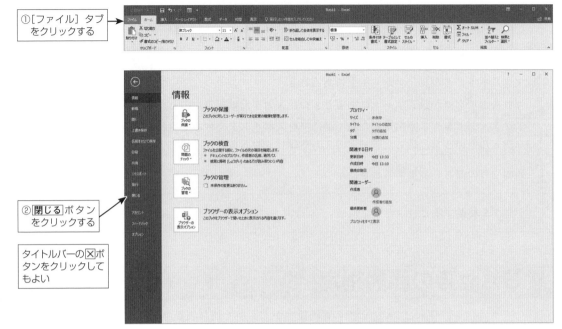

①［ファイル］タブ
をクリックする

②閉じるボタン
をクリックする

タイトルバーの⊠ボ
タンをクリックして
もよい

ここでは，まだデータを入力していないが，データを入力して保存しないで終了しようとすると，終了確認のダイアログボックスが表示される。

ダイアログボックス
ウィンドウと似たもので，使用者の操作に対して確認や警告が必要な場合や，関連する複数の項目をまとめて設定する場合に表示される

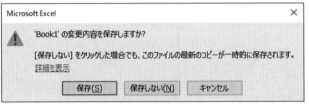

保存する必要があれば，保存ボタンをクリックして保存する。特に保存する必要がなければ，保存しないボタンをクリックする。また，終了せずに元のワークシートに戻る場合には，キャンセルボタンをクリックする。ここでは，保存しないボタンをクリックする。

データの入力

データには，計算ができる**数値データ**と，漢字やひらがな，カタカナ，記号，全角の数字などからなる**文字列データ**がある。

1. データを入力する前に

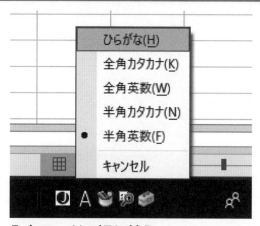

入力モードの切り替え

漢字やひらがな，カタカナを入力するときは，タスクバーの右側にある[入力モード]🅰を右クリックし，[ひらがな]をクリックする。数値を入力するときは，[半角英数]をクリックする。

また，[ひらがな]，[半角英数]の切り替えは[半角/全角]キーでもできる。

> ひらがなのときは**あ**，半角英数のときは🅰になる。

フォントとフォントサイズの設定

Excelの既定のフォントは「**游ゴシック**」になっているが，その他のフォントに変更することができる。[ホーム]リボンの[フォント]の▼ボタンをクリックして，変更したいフォントをクリックする。

また，フォントサイズの既定値は「11」であり，数値を変更することにより，サイズを大きくしたり，小さくしたりすることができる。

2. 数値データの入力

　入力する前に，データを入力するセルにセルポインタを移動する。移動はマウスポインタの形が✚の状態で，そのセルをクリックする。また，矢印キー（→←↓↑）で移動することもできる。

　それでは，数値データから入力してみよう。数値データは半角入力で行うので，半角英数モード🅰であることを確認する。

① セルA1をクリックしてアクティブセルにする。

	A	B	C	D	E
1					
2					
3					
4					
5					

② 「123」と入力する。左詰めで表示される。

	A	B	C	D	E
1	123				
2					
3					
4					
5					

③ Enterキーを押すと，セルポインタがセルA2に移動し，セルA1の数値は右詰めになる。Enterキーの代わりに↓→キーを押しても同様にセルを確定できる。

	A	B	C	D	E
1	123				
2					
3					
4					
5					

練習1　次のように入力してみよう。

	A	B	C	D	E
1	123	1200	63510	10.2	
2	456	4523	49275	3.14	
3	789	7268	53987	0.07	
4					
5					

ワンポイントアドバイス

　次のような1A〜1Dまでの進路希望データを入力するときは，入力する範囲であるB5〜E10をドラッグして選択する。そしてセルB5にデータを入力して Enter キーを押すとセルB6へと移動する。セルB10の次はセルC5へとセルポインタが自動的に移動する。

	A	B	C	D	E	F
1						
2		進路希望調査表				
3						
4		1A	1B	1C	1D	
5	大学	7	4	12	14	
6	短大	5	6	7	8	
7	専門学校	8	6	4	6	
8	民間就職	15	19	5	7	
9	公務員	2	4	4	2	
10	未定	3	1	8	3	
11						

連続した数値の入力

　右表のような連続した数値データの入力は，**オートフィル機能**を使用すると効率的である。オートフィルとは，規則性のある連続したデータの場合，ドラッグするだけで自動的に連続データを入力できる機能である。

	A	B
1		
2	100	
3	101	
4	102	
5	103	
6	104	
7	105	
8		

　入力は，次のように行う。まず，セルA2をクリックし，「100」と入力する。

　次に，もう一度セルA2をクリックし，右下隅にマウスポインタを合わせると，フィルハンドル「＋」に変わるので，Ctrl キーを押しながらセルA7までドラッグし，マウスボタンを離す。

	A	B
1		
2	100	
3		
4		
5		
6		
7		
8		105
9		

全角数値の入力

　右表の「２０１６」のように，ときには全角で数値を入力する場合がある。Excelの場合，全角で数値をそのまま入力しても，Enter キーを押すと自動的に半角の数値に置き換えられる。

	A	B	C	D
1				
2	100		２０１６	２０１７
3	101			
4	102			
5	103			
6	104			
7	105			
8				

　全角数値の入力は，次のように行う。

①　入力モードを［ひらがな］にする。

②　セルC2をクリックしてアクティブセルにする。

③　「'」（アポストロフィ）を入力し，続いて全角で「２０１６」と入力すると，全角の数値は文字列データになる。

ワンポイントアドバイス

☐エラーインジケータと ⬦エラーチェックオプション

　数値や関数などを入力していると，エラーインジケータがつくことがある。これは入力の誤りのおそれがあることを示唆している。そのセルをクリックすると，エラーチェックオプションが表示され，無視したり，修正したりすることができる。

エラーチェックオプションをクリックし，[エラーを無視する]を選択すると，エラーインジケータは消える

! ▾ ｜２０１６｜２０１７｜

数値が文字列として保存されています

数値に変換する(C)

このエラーに関するヘルプ(H)

エラーを無視する(I)

数式バーで編集(F)

エラー チェック オプション(O)...

3. データの消去

　1つのセルのデータを消去する場合は，消去するセルにセルポインタを移動して，Delete キーを押す。

　「２０１６」を消去してみよう。

①「2016」のセルにセルポインタを移動する

②Delete キーを押す

▲	A	B	C	D
1				
2	100	!	２０１６	２０１７
3	101			
4	102			
5	103			
6	104			
7	105			
8				

　次に，「100」から「105」までを一度に消去してみよう。

　複数のセルを一度に消去する場合には，消去する範囲をドラッグして Delete キーを押す。

　シート内すべてのデータを消去する場合は，全セル選択 ボタンをクリックし，Delete キーを押す。

▲	A	B	C	D
1				
2	100			２０１７
3	101			
4	102			
5	103			
6	104			
7	105			
8				

4. ひらがなの入力

それでは，次にひらがなを入力してみよう。

入力モードを［ひらがな］にする。日本語の入力方法には「ローマ字入力」と「かな入力」がある。

IME
IME と は，Input Method Editorの略であり，Windowsに採用されている文字入力システムである。

ローマ字入力

次のように入力してみよう。IMEでは，標準がローマ字入力に設定されているので，そのまま「AIUEO」と入力し，Enterキーを2回押す。
（1回は文字の確定であり，もう1回はセル内に確定する）

	A	B	C	D	E
1	あいうえお				
2					
3					
4					
5					

練習2　次のように入力してみよう。

	A	B	C	D
1	あいうえお		みかん	
2	かきくけこ		もも	
3	さしすせそ		いちご	
4	たちつてと		さくらんぼ	
5	なにぬねの		すいか	
6	はひふへほ		なし	
7	まみむめも		ぶどう	
8	やいゆえよ		かき	
9	らりるれろ		くり	
10	わいうえを		りんご	
11	ん			

かな入力

タスクバーの右端にある入力モードの部分を右クリックし，「ローマ字入力／かな入力（M)」をクリックし，「かな入力（T)」を選択する。

本テキストでは，かな入力の方法の説明は省略する。

5. カタカナの入力

カタカナには全角と半角がある。

次のように全角のカタカナを入力してみよう。「AIUEO」と入力し，キーボード上部の F7 キーを押す。ひらがなで表示されていたものが，カタカナに変わるので，Enter キーを押して確定する。

	A	B	C
1	アイウエオ		
2			
3			
4			
5			

半角のカタカナは，確定前に F8 キーを押す

練習3　次のように入力してみよう。

	A	B	C	D
1	アイウエオ		メロン	
2	カキクケコ		バナナ	
3	サシスセソ		キウイ	
4	タチツテト		ライチ	
5	ナニヌネノ		マスカット	
6	ハヒフヘホ		パパイヤ	
7	マミムメモ		パイナップル	
8	ヤイユエヨ		ブルーベリー	
9	ラリルレロ		マンゴスティン	
10	ワイウエヲ		グレープフルーツ	
11	ン			

ワンポイント アドバイス

無変換 キーを利用する方法もある。

1 回押す
→全角カタカナ

2 回押す
→半角カタカナ

一般的なカタカナ語は スペース キーで変換する。

6. 漢字の入力

（1）単漢字・熟語変換

それでは，セルA1に「地区」と入力してみよう。

① セルA1をクリックしてアクティブセルにする。

② 「TIKU」と入力する。画面上には「ちく」と表示される。

③ スペース キーを押して，「地区」に変換する。

「地区」に変換されない場合は，もう一度 スペース キーを押すと変換候補群が表示されるので，その中から選択する。

④ 「地区」に変換されたら，Enter キーを押し，確定する。

練習4 次のように入力してみよう。

	A	B	C	D
1	地区		合計	
2	北海道		平均	
3	東北		最高	
4	関東		最低	
5	北信越		売上	
6	東海		一覧	
7	近畿		備考	
8	中国		顧客	
9	四国		店舗	
10	九州		年度	

ワンポイントアドバイス

　連続した数値の入力では，オートフィル機能を利用したが，この機能は文字列でも利用できる。

　たとえば，データがB2〜D2まで「1月」,「2月」,「3月」などのように連続している場合,「1月」と入力されたセルB2をクリックし，右下隅にマウスポインタを合わせると，フィルハンドル「+」に変わるので，セルD2までドラッグする。

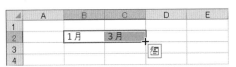 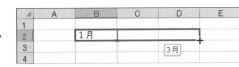

　また「1月」,「3月」,「5月」,「7月」などのように1か月おきの場合は，「1月」,「3月」を入力し，ドラッグして範囲指定し，3月のセルの右下隅にマウスポインタを合わせ，「+」の状態で右側にセル2つ分ドラッグする。すると，自動的に1か月おきに「5月」,「7月」が入力される。

　連続したデータの入力は，「年月日」以外にも「曜日」や「干支」などや「1組，2組…」,「第1四半期，第2四半期…」といった数字の入った文字データもオートフィル機能を利用して簡単に入力することができる。

　このExcelで定義されているオートフィル機能で連続して入力できるデータは，[ファイル]タブ→[オプション]→[Excelのオプション]ダイアログボックスの[詳細設定]→[全般]→[ユーザー設定リストの編集]で確認できる。また，使用頻度の多い連続したデータについては，リストを追加することも可能である。

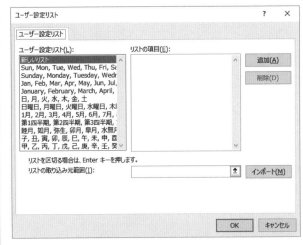

（2）文節・連文節変換

　文章を入力する場合は連文節変換のほうが効率的だが，表のタイトルや項目名などは文節変換を勧めたい。連文節変換はソフト上で文節を判断するが，文節変換は人間が文節を判断して入力する。

文節変換

　セルB2に，「地区別の売上一覧」と入力してみよう。

① セルB2をクリックしてアクティブセルにする。

② 「TIKUBETUNO」と入力する。画面上には「ちくべつの」と表示される。

③ スペースキーを押して，「地区別の」に変換する。

④ 「地区別の」に変換されたら，続けて「URIAGEITIRANN」と入力する。

⑤ スペースキーを押して，「地区別の売上一覧」に変換する。

⑥ Enterキーを押し，確定する。

	A	B	C	D
1				
2		地区別の売上一覧		
3				
4				
5				

連文節変換

　セルB4に，「主な暖房機器の販売実績と予測」と入力してみよう。

① セルB4をクリックしてアクティブセルにする。

② 「OMONADANBOUKIKINOHANNBAIJISSEKITOYOSOKU」と入力する。画面上には「おもなだんぼうききのはんばいじっせきとよそく」と表示される。

③ スペースキーを押し，「主な暖房機器の販売実績と予測」に変換する。

④ Enterキーを押し，確定する。

	A	B	C	D
1				
2		地区別の売上一覧		
3				
4		主な暖房機器の販売実績と予測		
5				
6				

　「機器」が「危機」などのように同音異義語に変換され，正しく変換されない場合がある。その場合は次のようにして変換する。

① 「主な」は正しいので，→キーを押して次の文節に移動する。

② 「暖房」も正しいので，→キーを押して次の文節に移動する。

③ 「危機の」はスペースキーを押して，「機器の」に変換する。

練習5　次のように入力してみよう。

	A	B	C	D	E
1					
2		地区別の売上一覧			
3					
4		主な暖房機器の販売実績と予測			
5					
6		部活動の予算執行一覧			
7					
8		商品分類別の売上比率			
9					
10		自動販売機普及台数および年間売上金額			
11					

ワンポイントアドバイス

読みのわからない漢字は，手書きで入力できる。

タスクバーの右側にある 入力モード あ を右クリックし，［IMEパッド］を選択する。

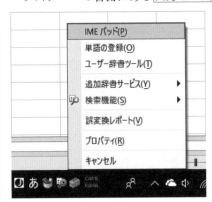

「翁」をマウスで書いてみよう。漢字の候補から該当の文字「翁」をクリックすると，セルの中に文字が入力される。

入力後は右上の ✕ ボタンで閉じる。

7. データの修正

データの修正は，入力中の修正と文字確定後の修正がある。

たとえば，「はんばいじっせき」と入力するところを「はんばいじせき」と入力してしまった場合，⬅キーで戻して「っ」を入力し，変換する。

また，変換中に入力ミスに気づいた場合は，たとえば「事跡」などの該当の文字まで➡キーで移動し，Escキーを押し，ひらがなの状態にし「っ」を入力し，変換する。

Escキーを押した状態

文字確定後の修正をする場合，たとえば，セルB2の「地区別の売上一覧」を「地区別を売上一覧」と間違えたときは，次のように行う。

①セルB2をクリックする

②数式バーの「を」の前をクリックしてDeleteキーで「を」削除し，「の」を入力してEnterキーで確定する

8. データの移動

誤って別のセルにデータを入力した場合，消去してデータを再度入力するのではなく，「移動」で正しいセルにデータを移すことができる。

データの移動には，主に次の2つの方法がある。

それでは，セルB2の「地区別の売上一覧」のデータをセルB4に移動してみよう。

（1）ドラッグで移動する方法

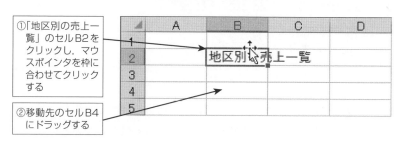

①「地区別の売上一覧」のセルB2をクリックし，マウスポインタを枠に合わせてクリックする

②移動先のセルB4にドラッグする

（2）「切り取り」と「貼り付け」ボタンを使用する方法

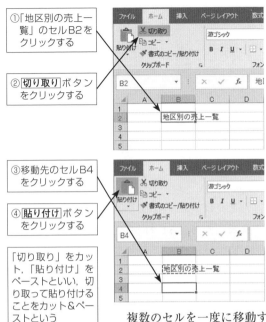

①「地区別の売上一覧」のセルB2をクリックする

②**切り取り**ボタンをクリックする

③移動先のセルB4をクリックする

④**貼り付け**ボタンをクリックする

「切り取り」をカット，「貼り付け」をペーストといい，切り取って貼り付けることをカット&ペーストという

複数のセルを一度に移動する場合も，同様の処理を行う。

9. データの複写（コピー）

データを入力する際，一度入力したものと同じものを入力する場合がある。データを再度入力するのではなく，データをコピーし，そのセルに貼り付けると便利である。

データのコピーには，主に次の2つの方法がある。

それでは，セルB2の「地区別の売上一覧」をセルB3にコピーしてみよう。

（1）オートフィル機能を使用する方法

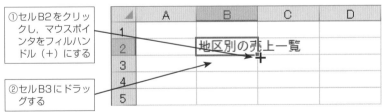

①セルB2をクリックし，マウスポインタをフィルハンドル（＋）にする

②セルB3にドラッグする

複数のセルにわたってドラッグすると，そのセルの分だけ同じものがコピーされる。この方法の注意点は，データが隣り合っていなければならないという点である。

（2）「コピー」と「貼り付け」ボタンを使用する方法

セルB2「地区別の売上一覧」をセルB4にコピーしよう。

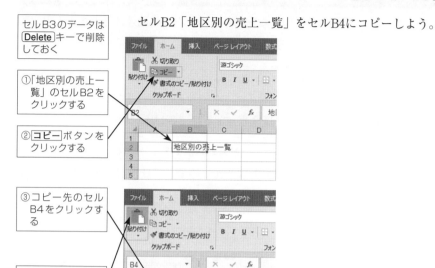

セルB3のデータは
Delete キーで削除
しておく

①「地区別の売上一
覧」のセルB2を
クリックする

②コピーボタンを
クリックする

③コピー先のセル
B4をクリックす
る

④貼り付け ボタン
をクリックする

コピーして貼り付け
ることを，コピー&
ペーストという

　なお，コピー先のセルを複数指定すると，指定したセルすべてに同じものがコ
ピーされる。

10. 英字の入力

　英字には全角と半角がある。

　はじめにセルA1に全角で「ＡＢＣ」と入力してみよう。

① セルA1をクリックしてアクティブセルにする。

② 「ＡＢＣ」と入力する。画面上には「あｂｃ」と表示される。

③ F9キーを２度押し，「ＡＢＣ」に変換する。

④ Enterキーを押し，確定する。

	A	B	C
1	ＡＢＣ		
2			
3			
4			

F9 キーを押す回数によって，次のように変
化する。
1回目 … ａｂｃ（全角小文字）
2回目 … ＡＢＣ（全角大文字）
3回目 … Ａｂｃ（全角先頭大文字）
4回目 … 1回目に戻る

　なお，F10 キーを押すと，半角の英字になる。

練習6　次のように入力してみよう。

	A	B	C
1	ＡＢＣ	ABC	
2	ａｂｃ	abc	
3	Ａｂｃ	Abc	
4			

11. 記号の入力

「％」や「：」,「＊」,「(」「)」などのキーボード上の記号はそのまま入力する。

また，次のような記号は記号の読みを入力して スペース キーで変換すると，表示される変換候補群の中にある。

> ～（から）　○（まる）　◎（まる）　×（ばつ）　△（さんかく）
>
> kg（きろぐらむ）　㎡（へいほうめーとる）　㍑（りっとる）

その他の記号は，［挿入］リボンの **記号と特殊文字** ボタンをクリックすると，次のようなダイアログボックスが表示されるので，必要な記号を選択し， **挿入** ボタンを押すとセルに入力される。

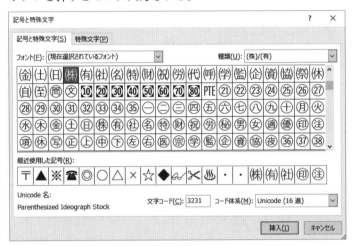

また，タスクバーの右側にある **IMEパッド** → **文字一覧** ボタンをクリックすると，次のようなダイアログボックスが表示されるので，必要な記号をクリックするとセルに入力される。

［記号］以外が表示されている場合は，▲や▼ボタンをクリックし［記号］を選択する

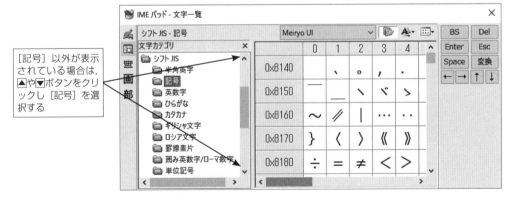

12. 保存

　作成したワークシートは，USBメモリやハードディスクなどに保存する。ここでは，USBメモリに保存してみよう。

①[ファイル] タブをクリックする

②[名前を付けて保存] をクリックする

③参照ボタンをクリックする

④[USB ドライブ] を選択する

⑤最初の状態では「Book1」などとなっているが，それを消去して「練習1」などと入力する

⑥保存ボタンをクリックする

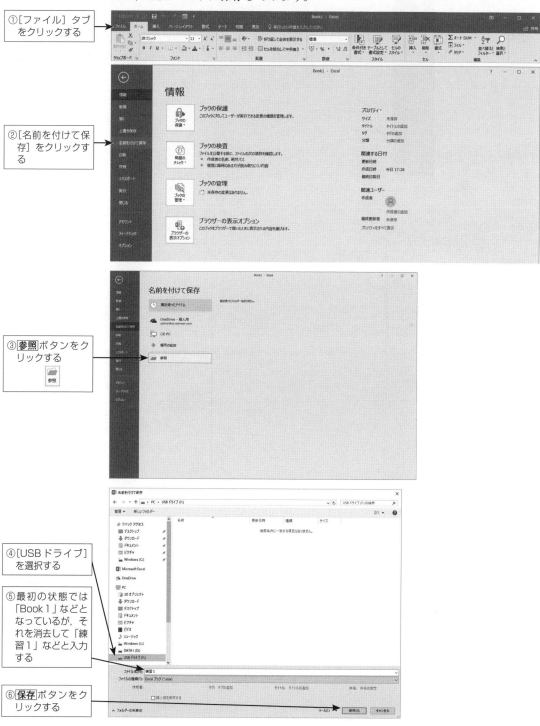

　2回目以降の保存は，［ファイル］タブをクリックし，［上書き保存］を選択する。

13. 呼び出し

保存したファイルはいつでも呼び出して更新することができる。

①[ファイル] タブ
をクリックし,
[開く] をクリッ
クする

②[参照] をクリッ
クする

③ファイルの場所が
[USB ドライブ]
になっていること
を確認する

④呼び出したいファ
イルをクリックす
る

⑤[開く]ボタンをク
リックする

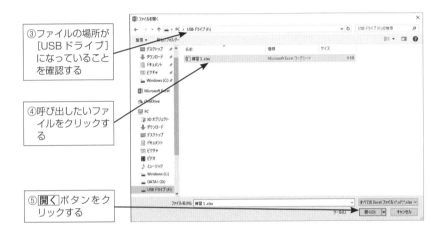

練習問題

練習問題 4-1

次のように入力しなさい。

▲	A	B	C	D
1	まる	○	●	◎
2	さんかく	△	▲	▽
3	しかく	■	□	◇
4	たんい①	℃	kg	㎡
5	たんい②	㌍	£	‰
6	かっこ	（　　）	＜　　＞	"　　"
7	コピー	例①	例①	例①
8	オートフィル	例1	例2	例3

練習問題 4-2

次のように入力し，保存しなさい。　　　　　　　　　　　　　［ファイル名：練習4-2］

▲	A	B	C	D
1				
2		ケーキショップ新商品の売上状況		
3				
4	月／商品	マンゴゼリー	小豆プリン	モモタルト
5	1月	120000	162750	186000
6	2月	112000	98000	168000
7	3月	279000	217000	434000
8	4月	108000	189000	120000
9	5月	254200	217000	120000
10	6月	330000	294000	99200

5 表の作成

次のような売上一覧表を作成してみよう。

	A	B	C	D	E	F	G
1							
2			鈴木花店の売上一覧表				
3							
4	花名	4月	5月	6月	売上合計	売上平均	
5	カーネーション	¥159,470	¥197,400	¥112,320	¥469,190	¥156,397	
6	カ ス ミ ソ ウ	¥43,000	¥30,010	¥34,300	¥107,310	¥35,770	
7	チ ュ ー リ ッ プ	¥182,420	¥127,690	¥159,080	¥469,190	¥156,397	
8	バ ラ	¥234,250	¥167,570	¥163,970	¥565,790	¥188,597	
9	ユ リ	¥89,570	¥64,690	¥91,650	¥245,910	¥81,970	
10	月合計	¥708,710	¥587,360	¥561,320	¥1,857,390	¥619,130	
11							

最初に，次のように入力する。

	A	B	C	D	E	F
1						
2		鈴木花店の売上一覧表				
3						
4	花名	4月	5月	6月	売上合計	売上平均
5	カーネーシ	159470	197400	112320		
6	カスミソウ	43000	30010	34300		
7	チューリ	182420	127690	159080		
8	バラ	234250	167570	163970		
9	ユリ	89570	64690	91650		
10	月合計					
11						

「5月」，「6月」はオートフィル機能を使用する。

　上の表のように，「鈴木花店の売上一覧表」と「カーネーション」，「チューリップ」は，ともに設定されたセル幅より多い文字数が入力されている。しかし，「鈴木花店の売上一覧表」はすべて文字が表示されているのに，「カーネーション」と「チューリップ」は右の文字が見えない。これは，入力されたセル（鈴木花店の売上一覧表やカーネーション）の右側のセル（C2やB5）に入力データがあるか，ないかの違いであり，入力データがない場合にはすべて表示されるが，右のセルに入力データがある場合には欠けて表示されてしまう。すべて表示させるためには，後述する「列幅の変更」を行う必要がある。

1. 列幅の変更

Excelでは，ワークシートの列幅と行高があらかじめ標準値として設定されている（標準値はバージョンによって異なる）。

それでは，最初に列幅を変更しよう。

表示されていても印字の際，一部データが欠けてしまうことがあるので，余裕をもって列幅を調整する。

①A列とB列の境目にマウスポインタを移動し，マウスポインタが✛の形に変わったところで，必要な幅になるまで右にドラッグする

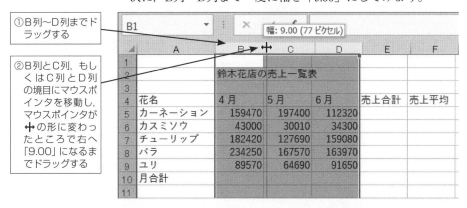

ドラッグする代わりに，マウスポインタが✛の形に変わったところでダブルクリックすると，その列の最適な幅に自動的に変更される。

なお，セルB2の「鈴木花店の売上一覧表」などの長いタイトルがある場合は，その長さに合わせるので，注意する必要がある。

次に，B列〜D列まで一度に幅を「9.00」にしてみよう。

①B列〜D列までドラッグする

②B列とC列，もしくはC列とD列の境目にマウスポインタを移動し，マウスポインタが✛の形に変わったところで右へ「9.00」になるまでドラッグする

ワンポイントアドバイス

行の高さも同様に変更できる。

2行目と3行目の境目にマウスポインタを移動し，マウスポインタが✛の形に変わったところで，必要な高さになるまで下にドラッグする

2. 合計の計算

合計の計算には，次の３つの方法がある。

（1）数式を入力する方法

Excelでは，計算式や関数の頭に必ず「＝」をつける。

	A	B	C	D	E	F
1						
2		鈴木花店の売上一覧表				
3						
4	花名	4月	5月	6月	売上合計	売上平均
5	カーネーション	159470	197400	112320	=B5+C5+D5	
6	カスミソウ	43000	30010	34300		
7	チューリップ	182420	127690	159080		
8	バラ	234250	167570	163970		
9	ユリ	89570	64690	91650		
10	月合計					
11						

セルE5に「＝B5＋C5＋D5」と入力し，Enterキーを押す

セルE5に計算結果の「469190」が表示される。なお，セル番地はそのセルをマウスでクリックして入力することもできる。

> セルE5の売上合計は「＝159470＋197400＋112320」の式でも求められるが，データが変更された場合，式も変更しなければならないので，実用的とはいえない。

算術演算子

算術演算子	意味	呼び方
＋	加算	プラス
－	減算	マイナス
＊	乗算	アスタリスク
／	除算	スラッシュ
＾	べき乗計算	山形記号（キャレット）

計算の優先順位

① 括弧
② ＾
③ ＊および／
④ ＋および－

（2）SUM関数を用いる方法

関数を使うと，セルの範囲や条件を指定するだけで複雑な処理を行うことができる。合計を求めるには，SUM関数を利用する。

=SUM(数値1[,数値2,…])
指定した「数値」の合計を求める。
関数式の例：＝SUM(B3:B6)
B3～B6に入力されているデータの合計を求める。

「：」（コロン）は～（から）という意味で使う

44

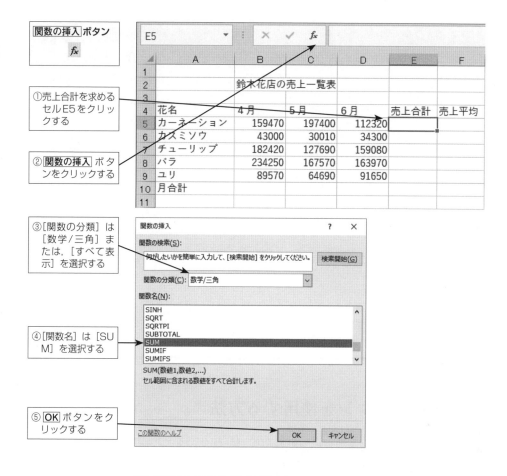

[関数の挿入]ボタン

fx

① 売上合計を求める
セルE5をクリッ
クする

② 関数の挿入 ボタ
ンをクリックする

③ [関数の分類] は
[数学/三角] ま
たは, [すべて表
示] を選択する

④ [関数名] は [SU
M] を選択する

⑤ OK ボタンをク
リックする

［関数の分類］で［最近使用した関数］の中に［SUM］関数がある場合は，
それを使用することもできる。

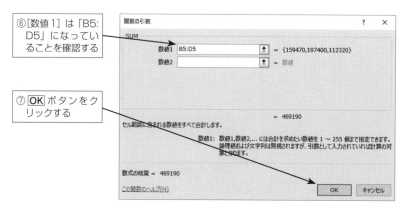

⑥ [数値1] は「B5:
D5」になってい
ることを確認する

⑦ OK ボタンをク
リックする

セルE5に計算結果の「469190」が表示される。

ワンポイントアドバイス

　たとえば，「合計」の関数がわからない場合は，［関数の検索］に「合計」と入力し，検索開始 ボタンをクリックする。そうすると，［関数名］に「合計」の候補が表示されるので，そこから選んで使用する。

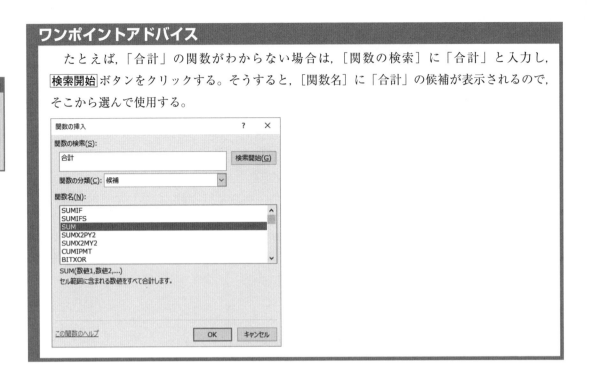

（3）「オートSUM」ボタンを使用する方法

　表計算では，頻繁に合計の計算が用いられる。オートSUM ボタンは，合計を求めるために作られた専用のボタンである。

① 「オートSUM」をクリックしてから合計する範囲を指定する方法

①売上合計を求める
セルE5をクリックする

②［ホーム］リボンの オートSUM ボタンをクリックする

③売上合計を計算する範囲がB5〜D5になっていることを確認し，[Enter]キーを押す

合計を計算する範囲が違う場合は，ドラッグして修正する

	A	B	C	D	E	F	G
1							
2		鈴木花店の売上一覧表					
3							
4	花名	4月	5月	6月	売上合計	売上平均	
5	カーネーション	159470	197400	112320	=SUM(B5:D5)		
6	カスミソウ	43000	30010	34300	SUM(数値1, [数値2], ...)		
7	チューリップ	182420	127690	159080			
8	バラ	234250	167570	163970			
9	ユリ	89570	64690	91650			
10	月合計						
11							

セルE5に計算結果の「469190」が表示される。

② 「売上合計」，「月合計」を一度に計算して表示する方法

①「売上合計」，「月合計」を計算する範囲と，合計を表示する範囲のB5〜E10をドラッグする

②[ホーム] リボンの オートSUM ボタンをクリックする

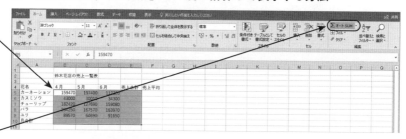

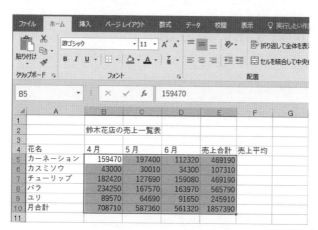

	A	B	C	D	E	F	G
1							
2		鈴木花店の売上一覧表					
3							
4	花名	4月	5月	6月	売上合計	売上平均	
5	カーネーション	159470	197400	112320	469190		
6	カスミソウ	43000	30010	34300	107310		
7	チューリップ	182420	127690	159080	469190		
8	バラ	234250	167570	163970	565790		
9	ユリ	89570	64690	91650	245910		
10	月合計	708710	587360	561320	1857390		
11							

　E5〜E9の売上合計とB10〜D10の月合計，E10の総合計が計算され，表示される。

3. 平均の計算

平均の計算には，次の2つの方法がある。

（1）数式を入力する方法

すでに3か月分の合計が計算されているので，「売上平均」は「売上合計」を3で割れば求められる。

売上平均を求めるセル F5 に「=E5/3」と入力し，Enterキーを押す

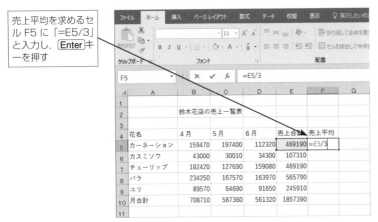

なお，セル番地はそのセルをマウスでクリックして入力できる。

（2）AVERAGE関数を用いる方法

関数を使って平均を求めることもできる。平均を求めるには，AVERAGE関数を利用する。

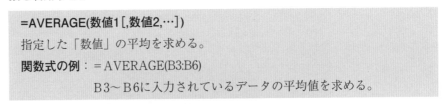

=AVERAGE(数値1[,数値2,…])
指定した「数値」の平均を求める。
関数式の例： = AVERAGE(B3:B6)
B3～B6に入力されているデータの平均値を求める。

①売上平均を求めるセルF5をクリックする

②関数の挿入ボタンをクリックする

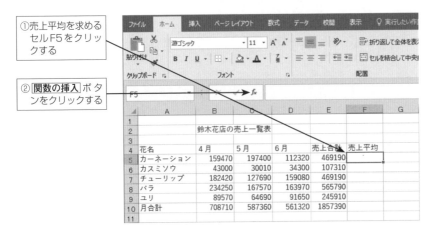

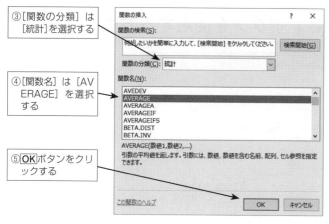

③[関数の分類]は[統計]を選択する

④[関数名]は[AVERAGE]を選択する

⑤OKボタンをクリックする

［数値1］には平均を求める範囲を指定する。

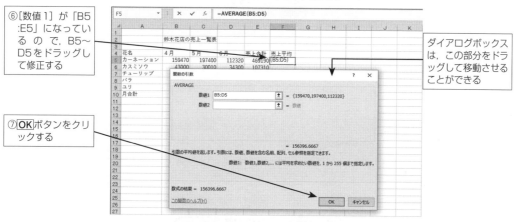

⑥[数値1]が「B5:E5」になっているので，B5〜D5をドラッグして修正する

⑦OKボタンをクリックする

ダイアログボックスは，この部分をドラッグして移動させることができる

セルF5に計算結果「156396.7」が表示される。

4. 計算式のコピー

Excelでは，文字や数値だけでなく，計算式や関数もコピーすることができる。式のコピーは，コピー先でも正しく計算されるように，セル番地を自動的に調整してコピーしてくれるようになっている。

式のコピーには，次の2つの方法がある。

（1）オートフィル機能を使用する方法

それでは，セルF5の式をF6〜F10にコピーしてみよう。

①セルF5をクリックしてマウスポインタを右下隅に移動し，フィルハンドル（＋）に変える

②セルF10までドラッグする

▲	A	B	C	D	E	F	G
1							
2		鈴木花店の売上一覧表					
3							
4	花名	4月	5月	6月	売上合計	売上平均	
5	カーネーション	159470	197400	112320	469190	156396.7	
6	カスミソウ	43000	30010	34300	107310		
7	チューリップ	182420	127690	159080	469190		
8	バラ	234250	167570	163970	565790		
9	ユリ	89570	64690	91650	245910		
10	月合計	708710	587360	561320	1857390		
11							

（2）「コピー」と「貼り付け」ボタンを使用する方法

コピーボタン

①コピー元のセル
F5をクリックする

②[ホーム]リボンの「コピー」ボタンをクリックする

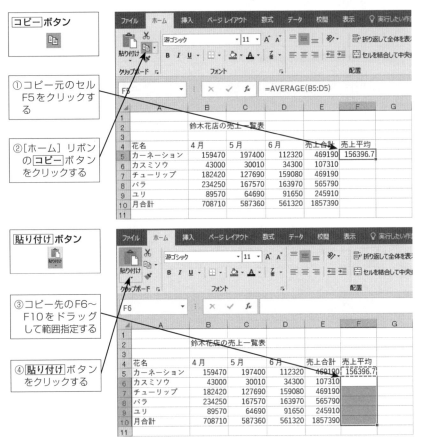

貼り付けボタン

③コピー先のF6～F10をドラッグして範囲指定する

④貼り付けボタンをクリックする

式の入力が終わったら，ファイル名を「例題5-1」として保存する。

5. 再計算

4月のカスミソウの売上高を「43000」から「42900」に変更してみよう。

セルB6をクリックして「42900」と入力し，Enterキーを押す

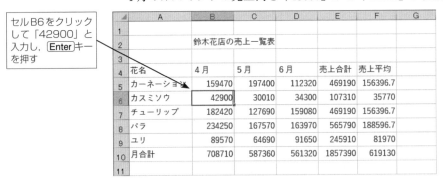

　　セルB6の値を「43000」から「42900」に修正すると，カスミソウの「売上合計」，「売上平均」，月合計の「4月」，「売上合計」，「売上平均」の値が次の表のように自動的に変わる。この機能を**再計算**機能といい，入力されている関数や計算式にしたがって，自動的に計算し直してくれる。

▲	A	B	C	D	E	F	G
1							
2		鈴木花店の売上一覧表					
3							
4	花名	4月	5月	6月	売上合計	売上平均	
5	カーネーション	159470	197400	112320	469190	156396.7	
6	カスミソウ	42900	30010	34300	107210	35736.67	
7	チューリップ	182420	127690	159080	469190	156396.7	
8	バラ	234250	167570	163970	565790	188596.7	
9	ユリ	89570	64690	91650	245910	81970	
10	月合計	708610	587360	561320	1857290	619096.7	
11							

元に戻す ボタン
（クイックアクセス
ツールバーの中）

第1章

確認できたら，元に戻す ボタンをクリックしてセルB6を「43000」に戻しておく。

6. 表の編集

文字や数値の体裁を整えたり，罫線を引くと，表が見やすくなる。

（1）文字の配置とフォント

文字の配置には，セル内で「左揃え」，「中央揃え」，「右揃え」や「セルを結合して中央揃え」，「均等割り付け」などがある。

① セルの結合

タイトルの「鈴木花店の売上一覧表」を，B2～E2を結合して中央揃えにしてみよう。

セルを結合して中央揃え ボタン

①セル結合する範囲 B2～E2 をドラッグする

②セルを結合して中央揃え ボタンをクリックする

② 中央揃え

4行目の見出し「花名」から「売上平均」を中央揃えにしよう。

中央揃え ボタン

左揃え ボタン

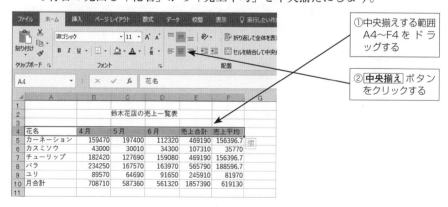

①中央揃えする範囲 A4～F4 をドラッグする

②中央揃え ボタンをクリックする

右揃え ボタン

≡

③ 均等割り付け

　A列の「カーネーション」から「ユリ」までを均等割り付けにしよう。また，「月合計」は右揃えに指定しよう。

①均等割り付けする範囲A5～A9をドラッグする

②[セルの書式設定:配置] 表示ボタンをクリックする

③[横位置] の▼ボタンをクリックして，[均等割り付け]を選択する

④OKボタンをクリックする

⑤セルA10をクリックし，右揃えボタンをクリックする

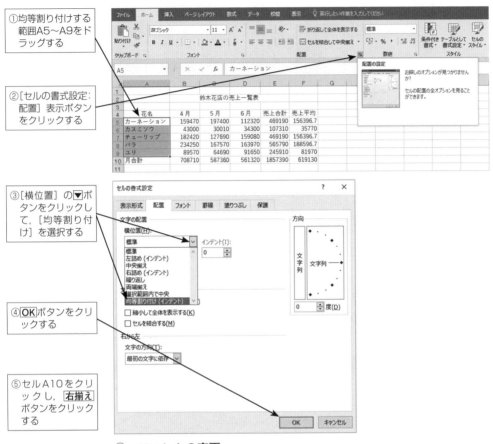

④ フォントの変更

　タイトルの「鈴木花店の売上一覧表」をフォント「游明朝」，フォントサイズ「16」に変更しよう。Excelでは，通常のフォントが「游ゴシック」，フォントサイズ「11」になっている。

①「鈴木花店の売上一覧表」のセルをクリックする

②[フォント] の▼ボタンをクリックし，「游明朝」を選択する

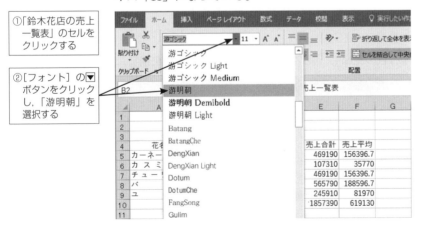

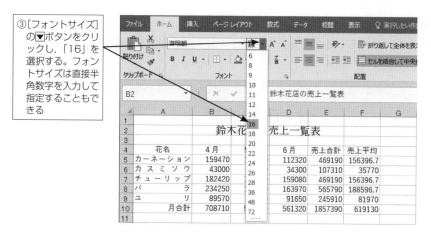

③[フォントサイズ]の▼ボタンをクリックし，「16」を選択する。フォントサイズは直接半角数字を入力して指定することもできる

（2）数値の表示形式の編集

数値の表示形式を編集するには，［ホーム］リボンにある次のようなボタンを利用すると便利である。

ボタン	ボタン名	編　集
通貨表示形式	通貨表示形式	数値の先頭に「¥」を付け，3桁ごとに「,」を付ける
%	パーセント スタイル	「%」を付けて表示する
,	桁区切りスタイル	3桁ごとに「,」を付ける
←.0 .00	小数点以下の表示桁数を増やす	小数の表示を1桁上げる
.00 →.0	小数点以下の表示桁数を減らす	小数の表示を1桁下げる

それでは，各金額に「¥」と「,」を付けて表示しよう。

①B5〜F10をドラッグして範囲指定する

② 通貨表示形式 ボタンをクリックする

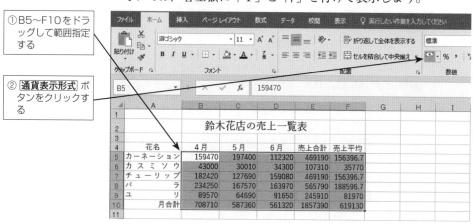

通貨表示形式 ボタンを利用すると，小数点以下は四捨五入された整数表示になる。

列幅より多い文字列を入力した場合は文字が欠けて表示されるが，数値の場合は「#######」とエラーが表示される

通貨表示形式ボタンをクリックした場合，セルE10のように，「#######」とエラー表示されることがある。このエラーは列幅より長い数値が入力されている場合に表示され，列幅を広げることにより解消できる。

▲	A	B	C	D	E	F	G
1							
2		鈴木花店の売上一覧表					
3							
4	花名	4月	5月	6月	売上合計	売上平均	
5	カーネーション	¥159,470	¥197,400	¥112,320	¥469,190	¥156,397	
6	カスミソウ	¥43,000	¥30,010	¥34,300	¥107,310	¥35,770	
7	チューリップ	¥182,420	¥127,690	¥159,080	¥469,190	¥156,397	
8	バラ	¥234,250	¥167,570	¥163,970	¥565,790	¥188,597	
9	ユリ	¥89,570	¥64,690	¥91,650	¥245,910	¥81,970	
10	月合計	¥708,710	¥587,360	¥561,320	########	¥619,130	
11							

（3）罫線の引き方

　表は，罫線を引いて区切ったり，太線で囲むなどすると見やすいものになる。
　罫線の引き方にはいくつかの方法があるが，ここでは最も簡単な引き方を学習しよう。

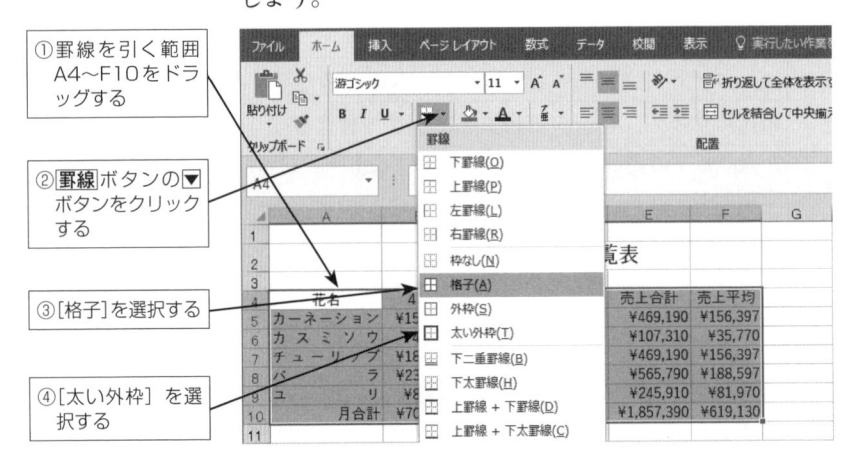

①罫線を引く範囲A4～F10をドラッグする

②**罫線**ボタンの▼ボタンをクリックする

③[格子]を選択する

④[太い外枠]を選択する

罫線ボタンには，次のようなものがある。

⊞	上罫線	⊞	下罫線	⊞	左罫線	⊞	右罫線
⊞	下二重罫線	⊞	下太罫線	⊞	上罫線＋下罫線	⊞	上罫線＋下二重罫線
⊞	上罫線＋下太罫線	⊞	格子	⊞	外枠	⊞	太い外枠
⊞	枠なし						

	A	B	C	D	E	F	G
1							
2		鈴木花店の売上一覧表					
3							
4	花名	4月	5月	6月	売上合計	売上平均	
5	カーネーション	¥159,470	¥197,400	¥112,320	¥469,190	¥156,397	
6	カスミソウ	¥43,000	¥30,010	¥34,300	¥107,310	¥35,770	
7	チューリップ	¥182,420	¥127,690	¥159,080	¥469,190	¥156,397	
8	バラ	¥234,250	¥167,570	¥163,970	¥565,790	¥188,597	
9	ユリ	¥89,570	¥64,690	¥91,650	¥245,910	¥81,970	
10	月合計	¥708,710	¥587,360	¥561,320	¥1,857,390	¥619,130	
11							

罫線を引いたら，上書き保存する。

7. 印刷

印刷する前に印刷プレビューで確認すると，印刷ミスによる用紙の無駄使いを防ぐことができる。

①[ファイル] タブをクリックする

②[印刷] をクリックする

印刷プレビュー

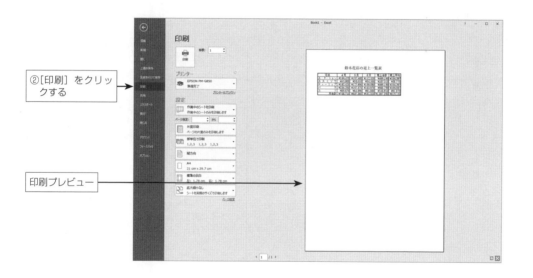

それでは，作成した表を印刷してみよう。

①[ファイル] タブ
をクリックする

②[印刷] をクリッ
クする

③印刷するプリンタ
を指定する

④[作業中のシート
を印刷] になって
いることを確認す
る

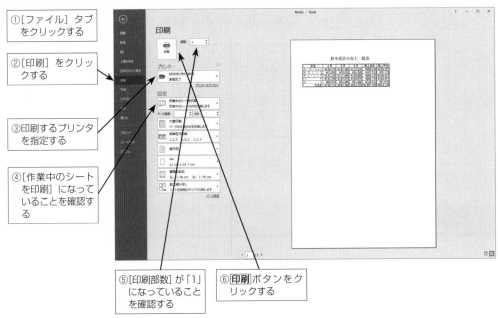

⑤[印刷部数] が「1」
になっていること
を確認する

⑥[印刷] ボタンをク
リックする

ワンポイントアドバイス

　たくさんのデータが入力されているワークシートを印刷する場合，印刷範囲を設定すると，必要なデータのみを印刷することができる。

　印刷範囲の設定は，次の手順で行う。

①印刷する範囲をドラッグする

②[ページレイアウト]リボンの**印刷範囲**ボタンをクリックし，[印刷範囲の設定]を選択する

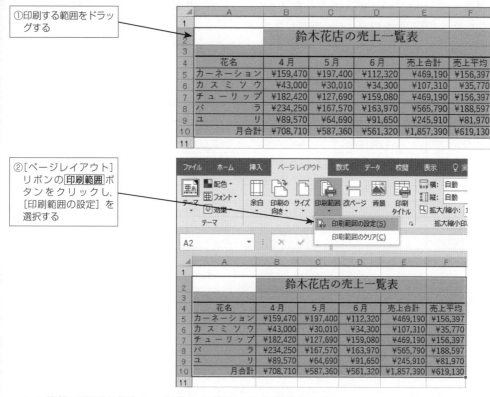

　この状態で印刷を行うと，指定した範囲のみが印刷される。

　また，印刷範囲の設定は1つだけではなく，複数の範囲も設定することができる。複数の印刷範囲を設定する場合には，[Ctrl]キーを押しながら設定する。

　印刷範囲の解除は，次の手順で行う。

[ページレイアウト]リボンの**印刷範囲**ボタンをクリックし，[印刷範囲のクリア]を選択する

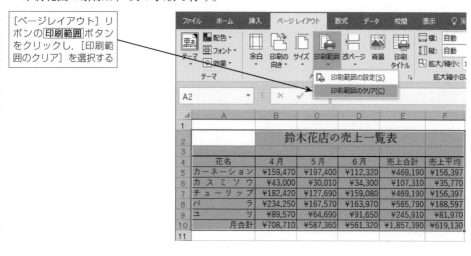

第
1
章

練習問題 5-1

　練習問題 4 - 2 （p.41）で作成し保存したファイル（ファイル名：練習 4 - 2 ）を呼び出して，処理
条件にしたがって下の表を完成させ，保存しなさい。

[ファイル名：練習 5 - 1]

	A	B	C	D	E	F
1						
2		ケーキショップ新商品の売上状況				
3						
4	月／商品	マンゴゼリー	小豆プリン	モモタルト	合計	平均
5	1 月	120,000	162,750	186,000	※	※
6	2 月	112,000	98,000	168,000	※	※
7	3 月	279,000	217,000	434,000	※	※
8	4 月	108,000	189,000	120,000	※	※
9	5 月	254,200	217,000	120,000	※	※
10	6 月	330,000	294,000	99,200	※	※
11	合計	※	※	※	※	
12	平均	※	※	※		

▼処理条件

1．表の形式および体裁は，上の表を参考にして設定する。

　　設定する書式：罫線，列幅，数値に付ける 3 桁ごとのコンマ，

　　　　　　　　　 4 行目・A11・A12の中央揃え

2．上の表を参考にデータを入力し，※印の部分は関数などを利用して求める。

3．E列の「合計」は，B列〜D列の合計を求める。

4．F列の「平均」は，B列〜D列の平均を求める。ただし，整数部のみ表示する。

5．11行目の「合計」は， 5 〜10行目の合計を求める。

6．12行目の「平均」は， 5 〜10行目の平均を求める。ただし，整数部のみ表示する。

　　次のセルに設定した式を答えなさい。

E5	
F5	
B11	
B12	

練習問題 5-2

処理条件にしたがって下の表を完成させ，保存しなさい。　　　　［ファイル名：練習5-2］

	A	B	C	D	E	F
1						
2		地区別子供会の行事費用				
3						
4	行事	東地区	西地区	南地区	合計	平均
5	歓　迎　会	42,000	40,000	36,000	※	※
6	ピクニック	10,470	10,050	9,500	※	※
7	プ　ー　ル	6,000	5,500	6,000	※	※
8	ピンポン大会	10,000	7,800	11,400	※	※
9	クリスマス会	34,900	29,100	30,156	※	※
10	七草粥の会	2,080	1,506	1,522	※	※
11	お　別　れ　会	13,000	34,000	35,741	※	※
12	合計	※	※	※	※	

▼処理条件

1．表の形式および体裁は，上の表を参考にして設定する。

　　設定する書式：罫線，列幅，数値に付ける3桁ごとのコンマ，

　　　　　　　　　4行目・A12の項目名の中央揃え，A5～A11の項目名の均等割り付け

2．上の表を参考にデータを入力し，※印の部分は関数などを利用して求める。

3．E列の「合計」は，B列～D列の合計を求める。ただし，¥マークを付けて表示する。

4．F列の「平均」は，B列～D列の平均を求める。ただし，整数部のみ表示する。

5．12行目の「合計」は，5～11行目の合計を求める。ただし，¥マークを付けて表示する。

　　次のセルに設定した式を答えなさい。

E5	
F5	
B12	

練習問題 5-3

処理条件にしたがって下の表を完成させ，保存しなさい。

［ファイル名：練習 5-3］

	A	B	C	D	E	F	G	H
1								
2		語学学校平日の生徒数						
3								
4	コース名	月	火	水	木	金	合計	平均
5	日本語	12	10	8	10	11	※	※
6	韓国語	23	21	20	22	25	※	※
7	英語	40	45	51	48	50	※	※
8	フランス語	20	18	20	15	21	※	※
9	イタリア語	11	15	14	16	15	※	※
10	スペイン語	12	15	15	14	10	※	※
11	合計	※	※	※	※	※		
12	平均	※	※	※	※	※		
13								
14	生徒数計	※						

▼処理条件

1．表の形式および体裁は，上の表を参考にして設定する。

　　設定する書式：罫線，列幅，4行目・A11・A12の中央揃え，

　　　　　　　　　　2行目のタイトルは，B列～F列をセル結合して中央揃え

2．上の表を参考にデータを入力し，※印の部分は関数などを利用して求める。

3．G列の「合計」は，B列～F列の合計を求める。

4．H列の「平均」は，B列～F列の平均を求める。ただし，小数第1位まで表示する。

5．11行目の「合計」は，5～10行目の合計を求める。

6．12行目の「平均」は，5～10行目の平均を求める。ただし，小数第1位まで表示する。

7．B14の「生徒数計」は，月～金までの各コースに参加した人数の総合計を求める。

　　次のセルに設定した式を答えなさい。

G5	
H5	
B11	
B12	
B14	

グラフの作成

1. グラフの種類と特徴

① 棒グラフ

　　棒グラフは，データの大きさを棒の長さで表したもので，項目ごとの大小比較に適している。棒の方向は縦と横のものがあり，次のような種類がある。

（ア）集合棒グラフ

　　棒グラフの中で最も基本的なグラフ。

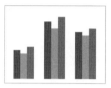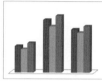

（イ）積み上げ棒グラフ

　　複数の項目を積み上げて表示したグラフ。

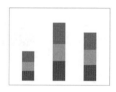

（ウ）100％積み上げ棒グラフ

　　1本の棒全体を100％とし，構成比率を表したグラフ。

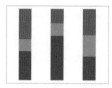

② 折れ線グラフ

　　折れ線グラフは，データの大きさの変化を線で結んで表したもので，時間の経過による変化や傾向を表すのに適している。

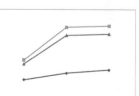

③　円グラフ

円グラフは，データの全体を円で表したもので，それぞれの項目の全体に占める割合を表すのに適している。

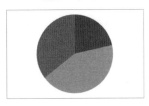  

④　レーダーチャート

レーダーチャートは，複数の項目を点や線で結んで表したもので，全体に項目間のバランスを表すのに適している。

⑤　散布図

散布図は，データが持つ特徴（X軸とY軸の値）を点として表したもので，それぞれの点の散らばりを調べ相関関係を表すのに適している。

⑥　面（層）グラフ

面グラフは，積み上げ棒グラフを折れ線で表したものである。

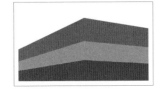

その他にも，ドーナツグラフや等高線グラフ，バブルチャート，円柱グラフ，円錐グラフ，ピラミッドグラフ，株価チャートなどが用意されている。

2. グラフ各部の名称

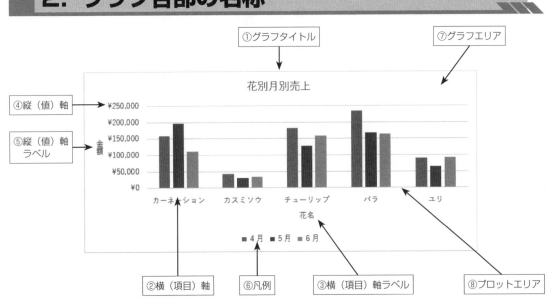

① **グラフタイトル**　　…グラフに付けられた見出し

② **横（項目）軸**　　　…横軸（X軸）の項目

③ **横（項目）軸ラベル**…横軸（X軸）の見出し

④ **縦（値）軸**　　　　…縦軸（Y軸）の数値の目盛り

⑤ **縦（値）軸ラベル**　…縦軸（Y軸）の見出し

⑥ **凡例**　　　　　　　…データの各要素の内容

⑦ **グラフエリア**　　　…グラフ全体

⑧ **プロットエリア**　　…グラフが表示される領域

第1章

3. 棒グラフの作成

例題　6-1　　例題5-1（p.42）で作成した売上一覧表から，次のような集合棒グラフを作成してみよう。

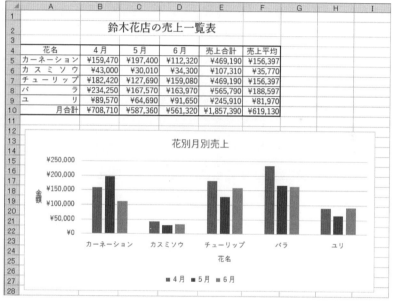

　グラフを作成する目的は，数値だけでは読み取りにくい情報を図形にすることにより，視覚的，直感的に理解してもらい，説得力のある情報を作り出すことである。

　Excelでは，［挿入］リボンで，簡単な指定をするだけでグラフを作成することができる。グラフの種類も多数用意されており，データの内容や処理の目的に応じて最も適切なグラフを選ぶことが大切である。

（1）範囲の指定とグラフの選択

①グラフ作成のための 範囲A4〜D9 をドラッグする

②［挿入］タブをク リックする

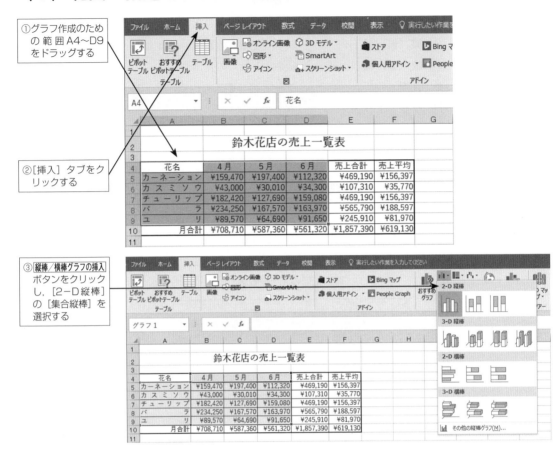

③縦棒／横棒グラフの挿入 ボタンをクリック し，［2−D縦棒］ の［集合縦棒］を 選択する

集合棒グラフが作成された。完成したグラフをクリックするとグラフツールが 表示され，［デザイン］リボンでグラフのスタイルなどを変更することができる。

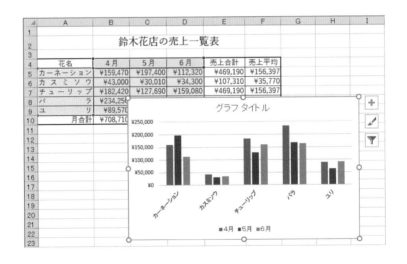

（2） グラフタイトルの設定

グラフタイトルを設定する。

①グラフタイトルの
部分をクリック
し，「花別月別売
上」と入力する

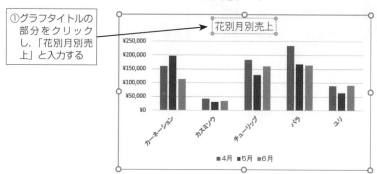

第1章

（3） 軸ラベルの設定

①[デザイン] リボ
ンの [グラフ要素
を追加]→[軸ラベ
ル]→[第1横軸]
を選択する

まず，横軸ラベルを設定する。

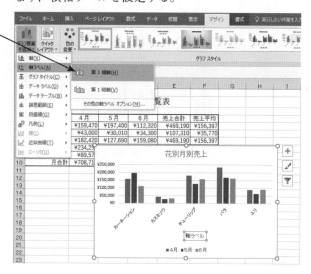

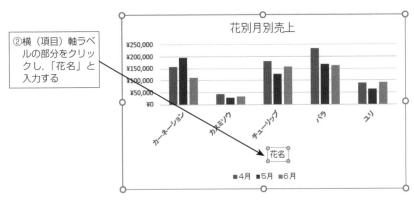

②横（項目）軸ラベルの部分をクリックし、「花名」と入力する

続いて、縦軸ラベルを設定する。

③[グラフ要素を追加]をクリックし、[軸ラベル]→[第1縦軸]を選択する

④軸ラベルを右クリックし、[軸ラベルの書式設定]をクリックする

⑤[軸ラベルの書式設定]の[サイズとプロパティ]→[文字列の方向]→[縦書き]を選択する

⑥縦（数値）軸ラベルの部分をクリックし、「金額」と入力する

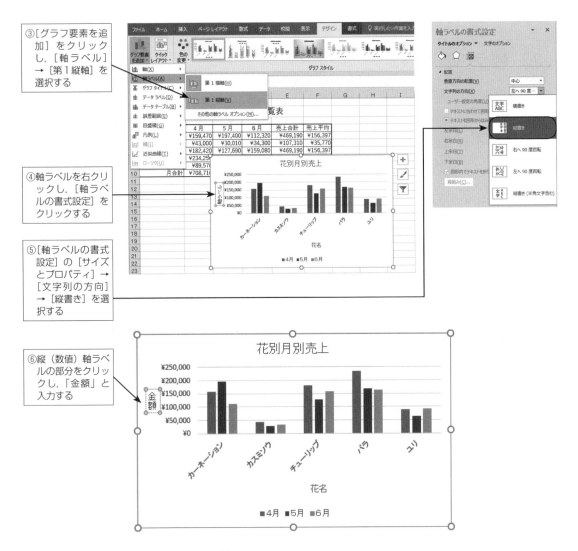

（4）グラフの配置の調整

ワークシート内にグラフが組み込まれ、表示された。表と重なっているので、グラフエリアをクリックし、ドラッグして表の下のほうへ移動する。

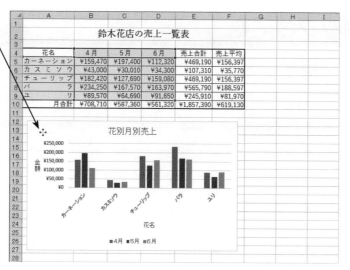

①グラフエリアをクリックし，ドラッグして移動する

　横軸の項目名のように，文字が斜めに表示されることがあるが，グラフサイズを拡大したり，フォントサイズを変更することで解決する。グラフの拡大・縮小は，グラフエリアの周囲8か所に表示されるポイントで操作する。

②任意のポイントにマウスポインタを合わせ，ポインタを矢印にしてドラッグする

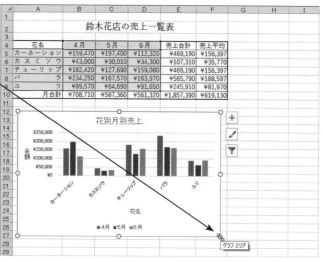

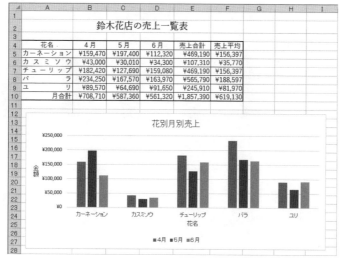

4. グラフの変更

（1）積み上げ棒グラフ

例題6-1の集合グラフを積み上げ棒グラフに変更してみよう。

①グラフエリアをクリックし，［デザイン］リボンの グラフの種類の変更 ボタンをクリックする

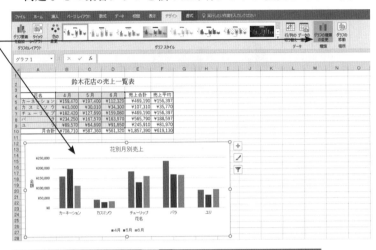

②［積み上げ縦棒］をクリックし，OK ボタンをクリックする

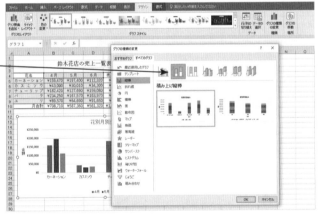

積み上げ縦棒グラフに変更された。

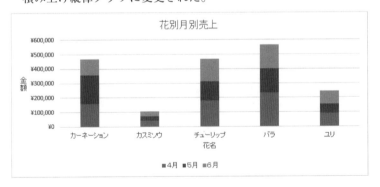

（2）100%積み上げ棒グラフ

例題6-1の集合棒グラフを100%積み上げ棒グラフに変更してみよう。

①[グラフの種類の変更] ダイアログボックスから，[100%積み上げ縦棒]をクリックし， OK ボタンをクリックする

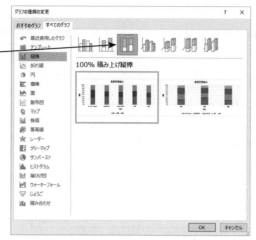

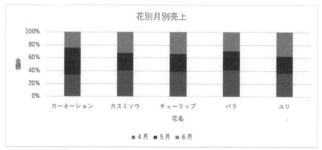

棒と棒との間をつなぐ線（**区分線**）を追加し，項目ごとの変化をわかりやすくしてみよう。

②グラフエリアをクリックし，[グラフ要素を追加] → [線] → [区分線] を選択する

区分線が追加された。

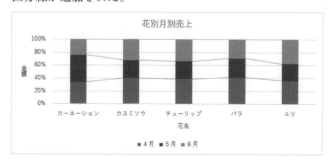

練習問題

練習問題 6-1

練習問題 5-1 (p.58) で作成し保存したファイル (ファイル名：練習5-1) を呼び出して，下のような棒グラフを作成し，保存しなさい。

[ファイル名：練習6-1]

	A	B	C	D	E	F
1						
2		ケーキショップ新商品の売上状況				
3						
4	月／商品	マンゴゼリー	小豆プリン	モモタルト	合計	平均
5	1月	120,000	162,750	186,000	468,750	156,250
6	2月	112,000	98,000	168,000	378,000	126,000
7	3月	279,000	217,000	434,000	930,000	310,000
8	4月	108,000	189,000	120,000	417,000	139,000
9	5月	254,200	217,000	120,000	591,200	197,067
10	6月	330,000	294,000	99,200	723,200	241,067
11	合計	1,203,200	1,177,750	1,127,200	3,508,150	
12	平均	200,533	196,292	187,867		

※A4～D10までのセルを選択し，グラフを作成する。

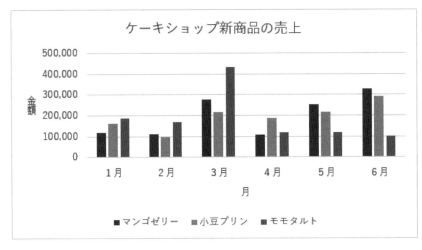

練習問題 6-2

［ファイル名：練習6-2］

次のような表とグラフを作成し，保存しなさい。

	A	B	C	D
1				
2		年齢別人口の推移		
3				
4				単位：千人
5	年／区分	0〜14歳	15〜64歳	65歳以上
6	1970年	25,153	72,119	7,393
7	1980年	27,507	78,835	10,647
8	1990年	22,486	85,904	14,895
9	2000年	17,521	84,092	25,672
10	2010年	16,803	81,032	29,246

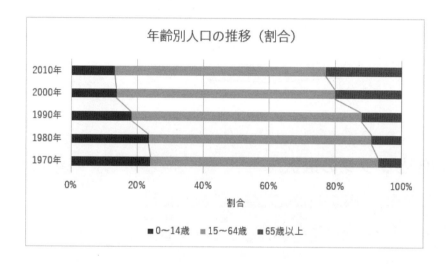

5. 折れ線グラフの作成

例題 6-2

例題 5-1 （p.42）で作成した売上一覧表から，折れ線グラフを作成してみよう。

	A	B	C	D	E	F
1						
2			鈴木花店の売上一覧表			
3						
4	花名	4月	5月	6月	売上合計	売上平均
5	カーネーション	¥159,470	¥197,400	¥112,320	¥469,190	¥156,397
6	カスミソウ	¥43,000	¥30,010	¥34,300	¥107,310	¥35,770
7	チューリップ	¥182,420	¥127,690	¥159,080	¥469,190	¥156,397
8	バ ラ	¥234,250	¥167,570	¥163,970	¥565,790	¥188,597
9	ユ リ	¥89,570	¥64,690	¥91,650	¥245,910	¥81,970
10	月合計	¥708,710	¥587,360	¥561,320	¥1,857,390	¥619,130
11						

花別月別売上の推移のグラフ（折れ線グラフ：カーネーション，カスミソウ，チューリップ，バラ，ユリ）

（1）範囲の指定とグラフの選択

①グラフ作成のための範囲 A4～D9 をドラッグする

②[挿入] タブをクリックする

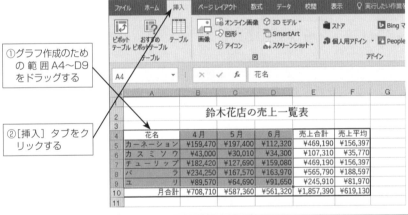

③[折れ線／面グラフの挿入]ボタンをクリックし，[マーカー付き折れ線]を選択する

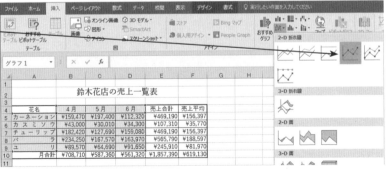

（2）行列の切り替え

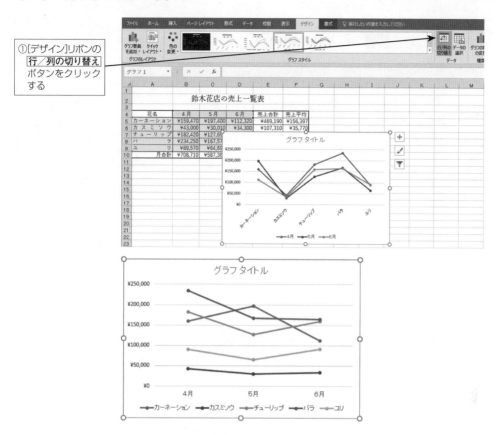

①[デザイン]リボンの
[行／列の切り替え]
ボタンをクリック
する

（3）グラフタイトルの設定

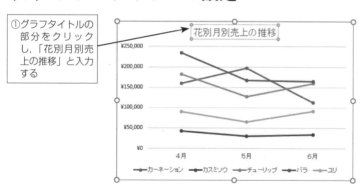

①グラフタイトルの
部分をクリック
し，「花別月別売
上の推移」と入力
する

花別月別売上の推移

（4）縦軸ラベルの設定

①[グラフ要素を追加]をクリックし、[軸ラベル]→[第1縦軸]を選択する

②「軸ラベルの書式設定」→[サイズとプロパティ]→「文字列の方向」→[縦書き]を選択する

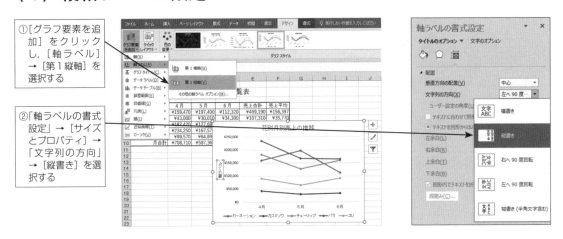

③縦（値）軸ラベルの部分をクリックし、「売上金額」と入力する

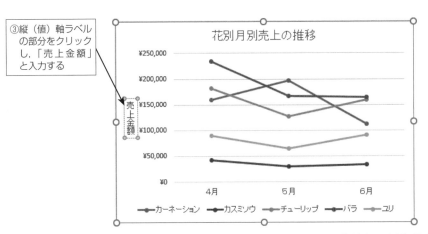

最後に棒グラフと同じように、グラフの体裁と配置を整えて完成。

ワンポイントアドバイス

凡例は，上，下，左，右など，配置を変更することができる。

 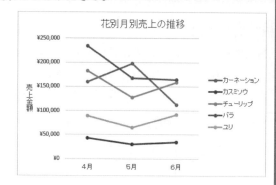

[デザイン] リボンの **グラフ要素を追加**
ボタンをクリックし，[凡例] → [右]
を選択する

軸の最大値・最小値・目盛間隔の設定を変更することができる。

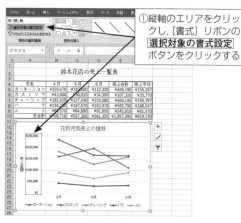 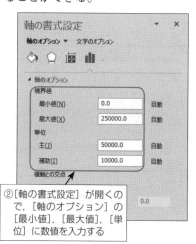

①縦軸のエリアをクリッ
クし，[書式] リボンの
選択対象の書式設定
ボタンをクリックする

②[軸の書式設定] が開くの
で，[軸のオプション] の
[最小値]，[最大値]，[単
位] に数値を入力する

データラベルを追加表示することができる。

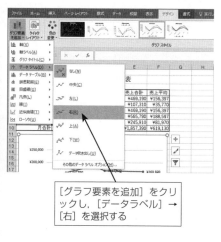 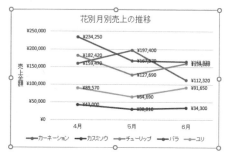

[グラフ要素を追加] をクリ
ックし，[データラベル] →
[右] を選択する

不要なデータラベルは，クリ
ックして Delete キーを押し
て消去できる

練習問題

練習問題 6-3

練習問題 5-2 （p.59）で作成し保存したファイル（ファイル名：練習 5-2）を呼び出して，下のような折れ線グラフを作成し，保存しなさい。

[ファイル名：練習 6-3]

	A	B	C	D	E	F
1						
2		地区別子供会の行事費用				
3						
4	行事	東地区	西地区	南地区	合計	平均
5	歓　迎　会	42,000	40,000	36,000	¥118,000	39,333
6	ピクニック	10,470	10,050	9,500	¥30,020	10,007
7	プ　ー　ル	6,000	5,500	6,000	¥17,500	5,833
8	ピンポン大会	10,000	7,800	11,400	¥29,200	9,733
9	クリスマス会	34,900	29,100	30,156	¥94,156	31,385
10	七草粥の会	2,080	1,506	1,522	¥5,108	1,703
11	お　別　れ　会	13,000	34,000	35,741	¥82,741	27,580
12	合計	¥118,450	¥127,956	¥130,319	¥376,725	

※A4〜D11までのセルを選択し，グラフを作成する。

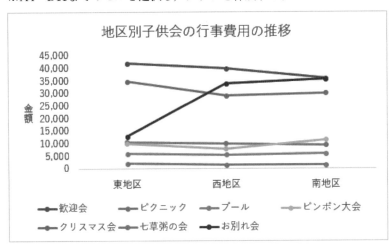

6. 円グラフの作成

例題　6-3　　例題5-1（p.42）で作成した売上一覧表から，円グラフを作成してみよう。

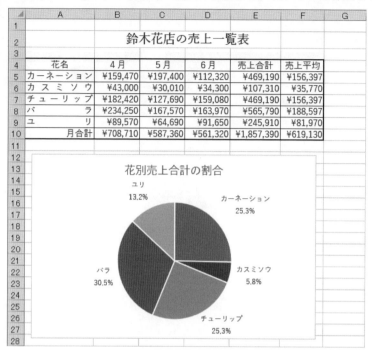

（1）範囲の指定とグラフの選択

グラフを作成するためのデータ範囲を指定する。

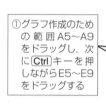

①グラフ作成のための範囲 A5～A9 をドラッグし，次に Ctrl キーを押しながら E5～E9 をドラッグする

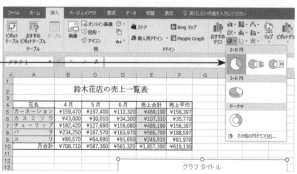

②［挿入］リボンの **円またはドーナツグラフの挿入** ボタンをクリックし，［円］を選択する

（2）データラベルの表示

[デザイン] リボンの [グラフスタイル] の中に，タイトルとデータラベルの
いろいろな組み合わせのレイアウトが用意されているので，レイアウトを変更す
る。

①[デザイン] リボ
ンの [グラフスタ
イル] → [スタイ
ル1] を選択する

②[グラフ要素を追
加] をクリック
し，[データラベ
ル] → [中央] を
選択する

③表示されたデータ
が [値] の場合
は，[データラベ
ルの書式設定] を
開き，[ラベルオ
プション] の [ラ
ベルの内容] を
[分類名] と [パ
ーセント] に変更
する

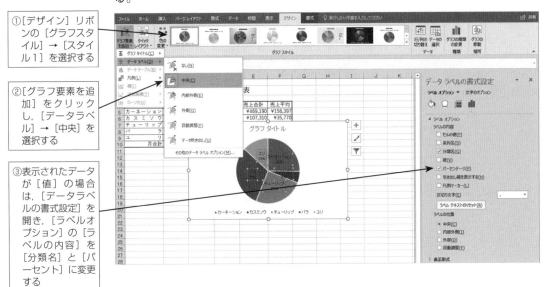

（3）データラベルの表示の変更とグラフタイトルの設定

データラベルの数値が「25％」などになっているが，小数第1位までの表示にする。

①[データラベルの書式設定]の[表示形式]で[カテゴリ]を[パーセンテージ]にする

②[小数点以下の桁数]を「1」と入力する

③グラフタイトルの部分をクリックし，「花別売上合計の割合」と入力する

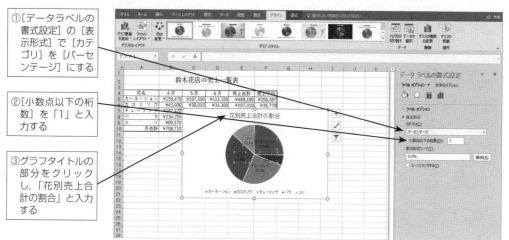

④[デザイン]リボンの[グラフ要素を追加]をクリックし，[凡例]→[なし]を選択する。

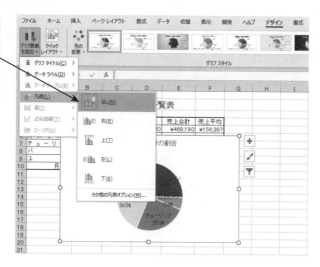

（4）データラベルの配置の変更

データラベルを円の外側に表示する。

①[データラベルの書式設定]の[ラベルオプション]の[ラベルの位置]で[外部]を選択する

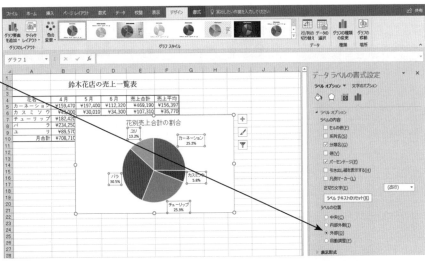

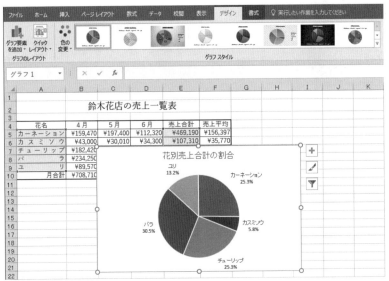

グラフの体裁と配置を整えて完成。

（5）切り離し

切り離し円グラフとは，円グラフの一部を切り離してその項目を強調して表すものである。

「バラ」のデータを切り離してみよう。

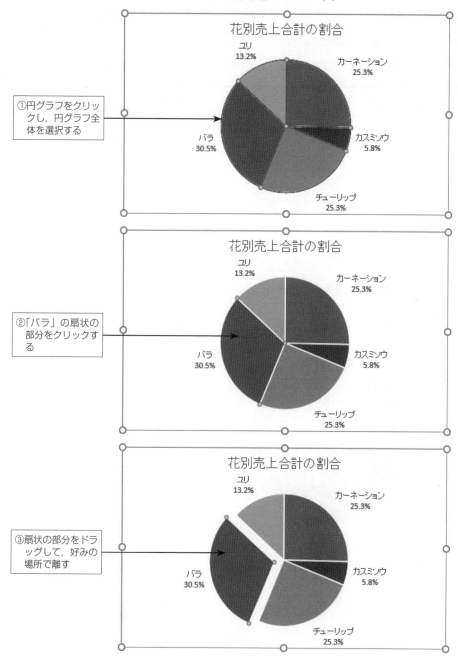

①円グラフをクリックし，円グラフ全体を選択する

②「バラ」の扇状の部分をクリックする

③扇状の部分をドラッグして，好みの場所で離す

練習問題

練習問題 6-4

　練習問題5-3（p.60）で作成し保存したファイル（ファイル名：練習5-3）を呼び出して，下のような円グラフを作成し，保存しなさい。

[ファイル名：練習6-4]

	A	B	C	D	E	F	G	H
1								
2				語学学校平日の生徒数				
3								
4	コース名	月	火	水	木	金	合計	平均
5	日本語	12	10	8	10	11	51	10.2
6	韓国語	23	21	20	22	25	111	22.2
7	英語	40	45	51	48	50	234	46.8
8	フランス語	20	18	20	15	21	94	18.8
9	イタリア語	11	15	14	16	15	71	14.2
10	スペイン語	12	15	15	14	10	66	13.2
11	合計	118	124	128	125	132		
12	平均	19.7	20.7	21.3	20.8	22.0		
13								
14	生徒数計	627						

※A5〜A10，G5〜G10までのセルを選択し，グラフを作成する。

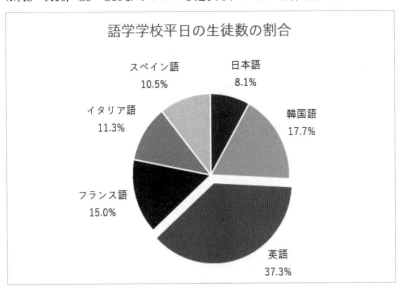

7. レーダーチャート

例題 6-4	次のような表とレーダーチャートを作成し，例題6-4として保存しよう。

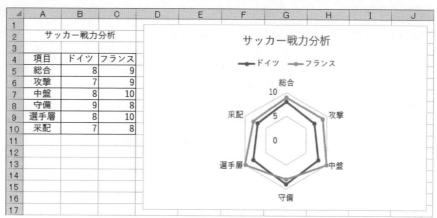

（1）レーダーチャートの作成

　　　レーダーチャートは，中心点から放射状に伸びた数値軸上の点を線で結んだグラフである。複数項目を比較して，バランスや傾向を見るのに適している。

①グラフのもととなる A4〜C10 をドラッグして，範囲を指定する

②[挿入] リボンの **等高線グラフまたはレーダーチャートの挿入** ボタンをクリックし，[マーカー付きレーダー] を選択する

③各種の設定や体裁（フォントサイズなど）を整える

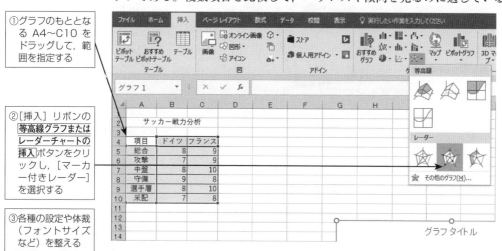

2019

②[挿入] リボンの **ウォーターフォール図，じょうごグラフ，株価チャート，等高線グラフ，レーダーチャートの挿入** ボタンをクリックし，[マーカー付きレーダー] を選択する

練習問題

練習問題 6-5　　　　　　　　　　　　　　　　　　　　［ファイル名：練習6-5］

次のような表とグラフを作成し，保存しなさい。

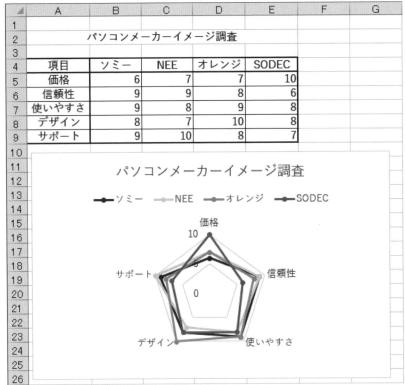

項目	ソミー	NEE	オレンジ	SODEC
価格	6	7	7	10
信頼性	9	9	8	6
使いやすさ	9	8	9	8
デザイン	8	7	10	8
サポート	9	10	8	7

パソコンメーカーイメージ調査

7 基本的な関数

1. 最大・最小・件数

例題 7-1

次のような表を作成しよう。

例題5-1（p.42）で作成した売上一覧表から，月別の売上金額の最大値・最小値を求め，さらに花の種類の数を求めてみよう。

	A	B	C	D	E	F	G
1							
2		鈴木花店の売上一覧表					
3							
4	花名	4月	5月	6月	売上合計	売上平均	
5	カーネーション	¥159,470	¥197,400	¥112,320	¥469,190	¥156,397	
6	カスミソウ	¥43,000	¥30,010	¥34,300	¥107,310	¥35,770	
7	チューリップ	¥182,420	¥127,690	¥159,080	¥469,190	¥156,397	
8	バ　ラ	¥234,250	¥167,570	¥163,970	¥565,790	¥188,597	
9	ユ　リ	¥89,570	¥64,690	¥91,650	¥245,910	¥81,970	
10	月合計	¥708,710	¥587,360	¥561,320	¥1,857,390	¥619,130	
11	最大売上高	¥234,250	¥197,400	¥163,970			
12	最小売上高	¥43,000	¥30,010	¥34,300			
13	花の種類	5					
14							

（1）MAX関数

ある範囲のデータの最大値を求めるには，MAX関数を利用する。

=MAX(数値1[,数値2,…])

指定した「数値」の中で最大値を求める。

関数式の例：=MAX(B3:B6)

B3～B6に入力されているデータの最大値を求める。

それでは，4月の「最大売上高」を求めてみよう。

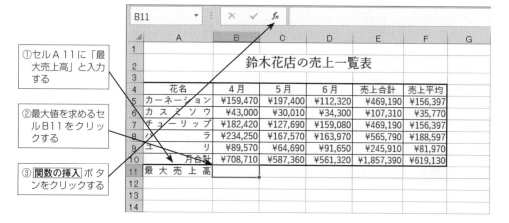

①セルA11に「最大売上高」と入力する

②最大値を求めるセルB11をクリックする

③ 関数の挿入 ボタンをクリックする

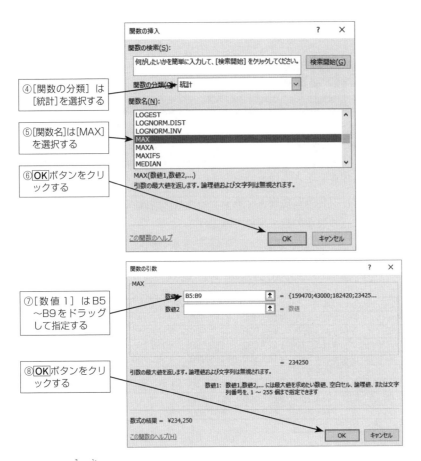

④[関数の分類]は[統計]を選択する

⑤[関数名]は[MAX]を選択する

⑥OKボタンをクリックする

⑦[数値1]はB5〜B9をドラッグして指定する

⑧OKボタンをクリックする

（2）MIN関数

ある範囲のデータの最小値を求めるには，MIN関数を利用する。

> **=MIN(数値1[,数値2,…])**
> 指定した「数値」の中で最小値を求める。
> **関数式の例**：=MIN(B3:B6)
>
> B3〜B6に入力されているデータの最小値を求める。

それでは，4月の「最小売上高」を求めてみよう。

①セルA12に「最小売上高」と入力する

②最小値を求めるセルB12をクリックする

③ 関数の挿入 ボタンをクリックする

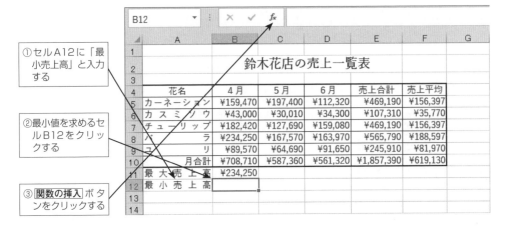

	A	B	C	D	E	F	G
1							
2		鈴木花店の売上一覧表					
3							
4	花名	4月	5月	6月	売上合計	売上平均	
5	カーネーション	¥159,470	¥197,400	¥112,320	¥469,190	¥156,397	
6	カ ス ミ ソ ウ	¥43,000	¥30,010	¥34,300	¥107,310	¥35,770	
7	チ ュ ー リ ッ プ	¥182,420	¥127,690	¥159,080	¥469,190	¥156,397	
8	バ ラ	¥234,250	¥167,570	¥163,970	¥565,790	¥188,597	
9	ユ リ	¥89,570	¥64,690	¥91,650	¥245,910	¥81,970	
10	月合計	¥708,710	¥587,360	¥561,320	¥1,857,390	¥619,130	
11	最 大 売 上 高	¥234,250					
12	最 小 売 上 高						
13							
14							

第1章

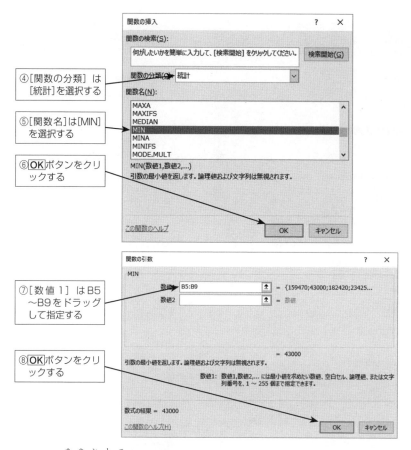

④[関数の分類]は
[統計]を選択する

⑤[関数名]は[MIN]
を選択する

⑥OKボタンをクリ
ックする

⑦[数値1]はB5
～B9をドラッグ
して指定する

⑧OKボタンをクリ
ックする

（3）COUNTA関数

ある範囲のデータの個数を求めるには，COUNTA関数を利用する。

> **=COUNTA(値1［,値2,…］)**
> 「値」で示した範囲の中で，データの入力されているセルの個数を求める。
> **関数式の例：=COUNTA(A3:A6)**
> A3～A6に入力されているデータの個数を求める。

それでは，「花の種類」を求めてみよう。

①セルA13に「花
の種類」と入力す
る

②花の種類を求める
セルB13をクリ
ックする

③関数の挿入ボタ
ンをクリックする

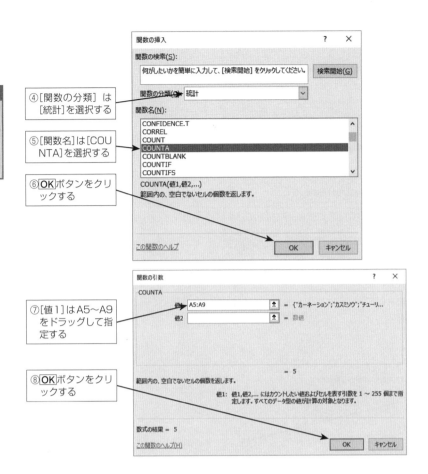

④[関数の分類]は[統計]を選択する

⑤[関数名]は[COUNTA]を選択する

⑥OKボタンをクリックする

⑦[値1]はA5〜A9をドラッグして指定する

⑧OKボタンをクリックする

（4）関数のコピー

次に4月の「最大売上高」と「最小売上高」の数式を6月までコピーする。

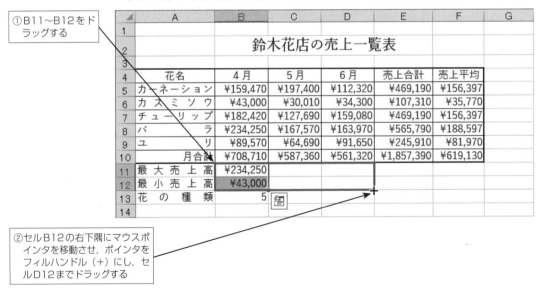

①B11〜B12をドラッグする

	A	B	C	D	E	F	G
1							
2		鈴木花店の売上一覧表					
3							
4	花名	4月	5月	6月	売上合計	売上平均	
5	カーネーション	¥159,470	¥197,400	¥112,320	¥469,190	¥156,397	
6	カスミソウ	¥43,000	¥30,010	¥34,300	¥107,310	¥35,770	
7	チューリップ	¥182,420	¥127,690	¥159,080	¥469,190	¥156,397	
8	バ ラ	¥234,250	¥167,570	¥163,970	¥565,790	¥188,597	
9	ユ リ	¥89,570	¥64,690	¥91,650	¥245,910	¥81,970	
10	月合計	¥708,710	¥587,360	¥561,320	¥1,857,390	¥619,130	
11	最 大 売 上 高	¥234,250					
12	最 小 売 上 高	¥43,000					
13	花 の 種 類	5					
14							

②セルB12の右下隅にマウスポインタを移動させ，ポインタをフィルハンドル（＋）にし，セルD12までドラッグする

◢	A	B	C	D	E	F	G
1							
2			鈴木花店の売上一覧表				
3							
4	花名	4 月	5 月	6 月	売上合計	売上平均	
5	カーネーション	¥159,470	¥197,400	¥112,320	¥469,190	¥156,397	
6	カ ス ミ ソ ウ	¥43,000	¥30,010	¥34,300	¥107,310	¥35,770	
7	チ ュ ー リ ッ プ	¥182,420	¥127,690	¥159,080	¥469,190	¥156,397	
8	バ ラ	¥234,250	¥167,570	¥163,970	¥565,790	¥188,597	
9	ユ リ	¥89,570	¥64,690	¥91,650	¥245,910	¥81,970	
10	月合計	¥708,710	¥587,360	¥561,320	¥1,857,390	¥619,130	
11	最 大 売 上 高	¥234,250	¥197,400	¥163,970			
12	最 小 売 上 高	¥43,000	¥30,010	¥34,300			
13	花 の 種 類	5					
14							

　数式がコピーされた。最後に，完成例（p.85）のように罫線を引いたら，ファイル名「例題7-1」として保存する。

（5） COUNT関数

　ある範囲の数値データの個数を求めるには，COUNT関数を利用する。

> **=COUNT(値1 [,値2,…])**
> 「値」で示した範囲の中で，数値データの入力されているセルの個数を求める。
> **関数式の例**： ＝COUNT(B3:B6)
> 　　　　　　　B3〜B6の中で，数値データが入力されているセルの個数を求める。

　4月のチューリップを「なし」にして，4月の「花の種類」を求めてみよう。セルB13に「＝COUNT(B5:B9)」を設定する。

◢	A	B	C	D	E	F	G
1							
2			鈴木花店の売上一覧表				
3							
4	花名	4 月	5 月	6 月	売上合計	売上平均	
5	カーネーション	¥159,470	¥197,400	¥112,320	¥469,190	¥156,397	
6	カ ス ミ ソ ウ	¥43,000	¥30,010	¥34,300	¥107,310	¥35,770	
7	チ ュ ー リ ッ プ	なし	¥127,690	¥159,080	¥286,770	¥143,385	
8	バ ラ	¥234,250	¥167,570	¥163,970	¥565,790	¥188,597	
9	ユ リ	¥89,570	¥64,690	¥91,650	¥245,910	¥81,970	
10	月合計	¥526,290	¥587,360	¥561,320	¥1,674,970	¥558,323	
11	最 大 売 上 高	¥234,250	¥197,400	¥163,970			
12	最 小 売 上 高	¥43,000	¥30,010	¥34,300			
13	花 の 種 類	4					
14							

COUNT関数・COUNTA関数・COUNTBLANK関数・COUNTIF関数

=COUNT(値1 [,値2,…])

「値」で示した範囲の中で，数値データが入力されているセルの個数を求める。

関数式の例：=COUNT(A3:A6)

A3～A6の中で，数値が入力されているセルの個数を求める。

=COUNTA(値1 [,値2,…])

「値」で示した範囲の中で，データの入力されているセルの個数を求める。

関数式の例：=COUNTA(A3:A6)

A3～A6の中で，空白以外のセルの個数を求める。

=COUNTBLANK(範囲)

範囲内で，空白のセルの個数を求める。

関数式の例：=COUNTBLANK(A3:A6)

A3～A6の中で，空白のセルの個数を求める。

=COUNTIF(範囲,検索条件)

範囲内で，検索条件を満たすセルの個数を求める。

「検索条件」には，数値，文字列，式が指定できる。

関数式の例：=COUNTIF(A3:A6,">=70")

A3～A6に入力されているデータの中で，70以上のセルの個数を求める。

例　次の表は，情報処理検定の一覧表であり，この検定は70点以上が合格である。

	A	B	C	D	E	F	G
1							
2		情報処理検定受験一覧表					
3							
4	受験番号	氏名	点数		申込者数	6	
5	1001	山本　博	80		受験者数	5	
6	1002	寺田　幸子	64		合格者数	3	
7	1003	瀬田　信一	欠席				
8	1004	中村　亨	82				
9	1005	大崎　清子	68				
10	1006	安部　美優	92				
11							

=COUNTA(C5:C10)

=COUNT(C5:C10)

=COUNTIF(C5:C10,">=70")

▼**処理条件**

①セルF4には，検定への申込者数を求める。

②セルF5には，欠席者を除く受験者数を求める。

③セルF6には，70点以上の合格者数を求める。

練習問題　　　　　　　　　　　　　　　　　　解答 ➡ P.3

練習問題 7-1

練習問題 5-1 （p.58）で作成し保存したファイル（ファイル名：練習 5-1）を呼び出して，処理条件にしたがって下の表を完成させ，保存しなさい。

[ファイル名：練習 7-1]

	A	B	C	D	E	F
1						
2		ケーキショップ新商品の売上状況				
3						
4	月／商品	マンゴゼリー	小豆プリン	モモタルト	合計	平均
5	1月	120,000	162,750	186,000	468,750	156,250
6	2月	112,000	98,000	168,000	378,000	126,000
7	3月	279,000	217,000	434,000	930,000	310,000
8	4月	108,000	189,000	120,000	417,000	139,000
9	5月	254,200	217,000	120,000	591,200	197,067
10	6月	330,000	294,000	99,200	723,200	241,067
11	合計	1,203,200	1,177,750	1,127,200	3,508,150	
12	平均	200,533	196,292	187,867		
13	最高	※	※	※		
14	最低	※	※	※		

▼処理条件

1．表の形式および体裁は，上の表を参考にして設定する。

　　設定する書式：罫線，列幅，数値に付ける3桁ごとのコンマ，

　　　　　　　　　4行目・A11〜A14の中央揃え

2．上の表を参考にデータを入力し，※印の部分は関数などを利用して求める。

3．13行目の「最高」は，5〜10行目の最大値を求める。

4．14行目の「最低」は，5〜10行目の最小値を求める。

次のセルに設定した式を答えなさい。

B13	
B14	

練習問題 7-2

処理条件にしたがって下の表を完成させ，保存しなさい。　　　　　［ファイル名：練習7-2］

	A	B	C	D	E
1					
2	フィットネスクラブの会員数				
3					
4	地区	正会員	60分会員	平日会員	合計
5	茨城	2,300	150	980	※
6	栃木	1,900	180	1,200	※
7	群馬	2,100	145	1,070	※
8	埼玉	2,350	130	860	※
9	千葉	2,330	240	1,000	※
10	東京	3,040	125	1,500	※
11	神奈川	2,850	170	1,380	※
12	平均	※	※	※	※
13	最高	※	※	※	※
14	最低	※	※	※	※

▼処理条件

1．表の形式および体裁は，上の表を参考にして設定する。

　　設定する書式：罫線，列幅，数値に付ける3桁ごとのコンマ，

　　　　　　　　　4行目・A12〜A14の中央揃え，

　　　　　　　　　2行目のタイトルはフォントサイズを14ポイントでA列〜E列をセル結合して中央揃え

2．※印の部分は関数などを利用して求める。

3．E列の「合計」は，B列〜D列の合計を求める。

4．12行目の「平均」は，5〜11行目の平均を求める。

5．13行目の「最高」は，5〜11行目の最高値を求める。

6．14行目の「最低」は，5〜11行目の最低値を求める。

　　次のセルに設定した式を答えなさい。

E5	
B12	
B13	
B14	

練習問題 7-3

処理条件にしたがって下の表を完成させ，保存しなさい。　　　　　［ファイル名：練習7-3］

	A	B	C	D	E	F	G	H
1								
2				体育の日ボウリング大会成績表				
3								
4	参加者	第1回	第2回	第3回	合計	平均	最高	最低
5	渡部　剛	140	157	155	※	※	※	※
6	金木裕子	154	148	178	※	※	※	※
7	北川紀夫	121	169	135	※	※	※	※
8	石山誠二	94	101	100	※	※	※	※
9	野澤弘	139	90	155	※	※	※	※
10	中野厚子	187	176	199	※	※	※	※
11	西　勇喜	88	91	77	※	※	※	※
12	大沢鉄郎	205	220	239	※	※	※	※
13	入川みさ	143	142	141	※	※	※	※
14								
15	最高スコア	※						
16	最低スコア	※						

▼処理条件

1．表の形式および体裁は，上の表を参考にして設定する。

設定する書式：罫線，列幅，4行目の中央揃え，

　　　　　　　2行目のタイトルはフォントサイズを12ポイントでA列～H列をセル結合して中央揃え

2．上の表を参考にデータを入力し，※印の部分は関数などを利用して求める。

3．E列の「合計」は，B列～D列の合計を求める。

4．F列の「平均」は，B列～D列の平均を求める。ただし，整数部のみ表示する。

5．G列の「最高」は，B列～D列の最大値を求める。

6．H列の「最低」は，B列～D列の最小値を求める。

7．B15の「最高スコア」は，G列の「最高」の最大値を求める。

8．B16の「最低スコア」は，H列の「最低」の最小値を求める。

次のセルに設定した式を答えなさい。

E5	
F5	
G5	
H5	
B15	
B16	

2. 判定

例題 7-2

次のような表を作成しよう。

例題7-1（p.85）で作成した売上一覧表に判定欄を加えて，売上合計が400,000円以上であれば全角の「＊」を表示させてみよう。

	A	B	C	D	E	F	G	H
1								
2			鈴木花店の売上一覧表					
3								
4	花名	4月	5月	6月	売上合計	売上平均	判定	
5	カーネーション	¥159,470	¥197,400	¥112,320	¥469,190	¥156,397	＊	
6	カスミソウ	¥43,000	¥30,010	¥34,300	¥107,310	¥35,770		
7	チューリップ	¥182,420	¥127,690	¥159,080	¥469,190	¥156,397	＊	
8	バ ラ	¥234,250	¥167,570	¥163,970	¥565,790	¥188,597	＊	
9	ユ リ	¥89,570	¥64,690	¥91,650	¥245,910	¥81,970		
10	月合計	¥708,710	¥587,360	¥561,320	¥1,857,390	¥619,130		
11	最 大 売 上 高	¥234,250	¥197,400	¥163,970				
12	最 小 売 上 高	¥43,000	¥30,010	¥34,300				
13	花 の 種 類	5						
14								

（1）IF関数（判定）

条件によって処理を変えたい場合には，IF関数を利用する。

> **=IF(論理式,真の場合,偽の場合)**
> 論理式で表された条件を判定し，条件が成立した（真）場合「真の場合」の処理を行い，成立しなかった（偽）場合「偽の場合」の処理を行う。
> **関数式の例**：=IF(A3>=70,"○","")
> A3のデータが70以上であれば，「○」を表示し，それ以外の場合は何も表示しない。

論理式は，比較演算子を用いて次のように表す。

比較演算子	意味	例	
＝	等しい	A3=70	A3が70と等しい
＜＞	等しくない	A3<>70	A3が70ではない
＞	より大きい（超える）	A3>70	A3が70より大きい
＞＝	以上	A3>=70	A3が70以上
＜	より小さい（未満）	A3<70	A3が70未満
＜＝	以下	A3<=70	A3が70以下

それでは，「判定」の欄に式を入れてみよう。

①セル G4 に「判定」と入力する

②セル G5 をクリックする

③ 関数の挿入 ボタンをクリックする

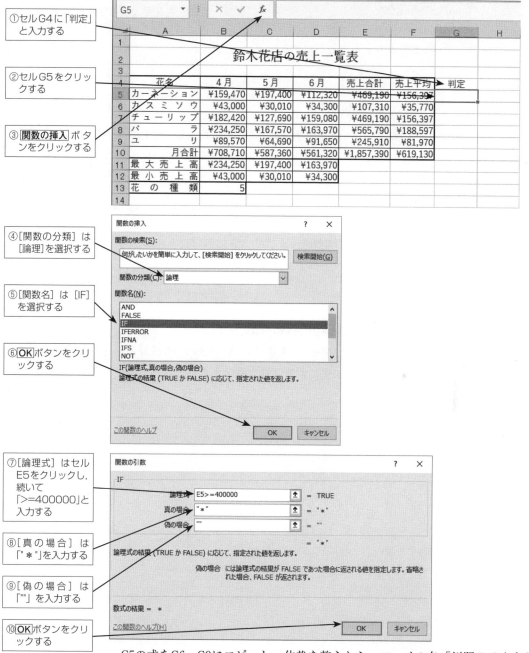

④[関数の分類] は [論理]を選択する

⑤[関数名] は [IF] を選択する

⑥ OK ボタンをクリックする

⑦[論理式] はセル E5 をクリックし，続いて「>=400000」と入力する

⑧[真の場合] は「"＊"」を入力する

⑨[偽の場合] は「""」を入力する

⑩ OK ボタンをクリックする

G5の式をG6〜G9にコピーし，体裁を整えたら，ファイル名「例題7-2」として保存する。

文字列を表示する場合は引用符「"」で囲む。また，何も表示しない場合は「""」と入力する。

「真の場合」，「偽の場合」の処理には，文字列のほか，数値や数式，セル番地などを入力することができる。

例1

=IF(A3>70,100,0)

「A3のデータが70より大きければ100を表示し，それ以外の場合は0を表示する」

例2

=IF(A3>B3,A3,B3)

「A3のデータがB3のデータより大きければ，A3のデータを表示し，それ以外の場合はB3のデータを表示する」

例3

=IF(A3>1000,A3＊0.9,A3＊0.95)

「A3のデータが1000より大きければ，A3＊0.9の計算結果を表示し，それ以外の場合はA3＊0.95の計算結果を表示する」

練習問題

解答 ➡ P.5

練習問題 7-4

練習問題 7-1 （p.91）で作成し保存したファイル（ファイル名：練習 7-1）を呼び出して，処理
条件にしたがって下の表を完成させ，保存しなさい。 ［ファイル名：練習 7-4］

	A	B	C	D	E	F
1						
2		ケーキショップ新商品の売上状況				
3						
4	月／商品	マンゴゼリー	小豆プリン	モモタルト	合計	平均
5	1月	120,000	162,750	186,000	468,750	156,250
6	2月	112,000	98,000	168,000	378,000	126,000
7	3月	279,000	217,000	434,000	930,000	310,000
8	4月	108,000	189,000	120,000	417,000	139,000
9	5月	254,200	217,000	120,000	591,200	197,067
10	6月	330,000	294,000	99,200	723,200	241,067
11	合計	1,203,200	1,177,750	1,127,200	3,508,150	
12	平均	200,533	196,292	187,867		
13	最高	330,000	294,000	434,000		
14	最低	108,000	98,000	99,200		
15	判定	※	※	※		

▼処理条件

1．表の形式および体裁は，上の表を参考にして設定する。

　　設定する書式：罫線，列幅，数値に付ける3桁ごとのコンマ，

　　　　　　　　　4行目・A11〜A15の中央揃え

2．上の表を参考にデータを入力し，※印の部分は関数などを利用して求める。

3．15行目の「判定」は，6月の売上が12行目の「平均」より大きい場合は 順調 と表示し，それ以
　外の場合は何も表示しない。

　　次のセルに設定した式を答えなさい。

B15	

練習問題 7-5

処理条件にしたがって下の表を完成させ，保存しなさい。　　　　　　　［ファイル名：練習7-5］

	A	B	C	D	E	F
1						
2		スイミングスクール昇級テスト記録表				
3						単位：秒
4	氏名／種目	自由形	平泳ぎ	合計タイム	基準タイム	判定
5	上川孝也	28.11	39.44	※	67.00	※
6	日野正平	27.23	39.03	※	67.00	※
7	伊藤秀明	26.55	38.66	※	67.00	※
8	真田博之	26.41	39.01	※	67.00	※
9	福山正春	29.01	40.02	※	67.00	※
10	松岡雅弘	26.60	37.66	※	67.00	※
11	西岡卓也	25.99	37.78	※	67.00	※
12	平均	※	※			
13	最高記録	※	※			
14	最低記録	※	※			

▼処理条件

1．表の形式および体裁は，上の表を参考にして設定する。

　　設定する書式：罫線，列幅，4行目とA列の中央揃え

2．上の表を参考にデータを入力し，※印の部分は関数などを利用して求める。

3．D列の「合計タイム」は，「自由形」と「平泳ぎ」のタイムの合計を求める。

4．F列の「判定」は，「合計タイム」が「基準タイム」以下の場合は 合格 と表示し，それ以外の場合は 不合格 と表示する。

5．12行目の「平均」は，5～11行目の平均を求める。ただし，小数第2位まで表示する。

6．13行目の「最高記録」は，5～11行目の最も速いタイムを求める。

7．14行目の「最低記録」は，5～11行目の最も遅いタイムを求める。

　　次のセルに設定した式を答えなさい。

D5	
F5	
B12	
B13	
B14	

練習問題 7-6

処理条件にしたがって下の表を完成させ，保存しなさい。　　　　［ファイル名：練習7-6］

	A	B	C	D	E	F	G	H
1								
2			夏期講習の成績と出席状況					
3								
4	氏名	模試1回	模試2回	模試3回	模試4回	受験回数	模試平均	結果
5	麻生雄太	65	70	68	88	※	※	※
6	松田香織	欠	欠	71	79	※	※	※
7	鈴本仁美	48	64	66	72	※	※	※
8	追川あずき	48	70	76	97	※	※	※
9	篠田美香子	59	欠	63	75	※	※	※
10	白木　敦	欠	78	80	88	※	※	※
11	最高	※	※	※	※			
12	最低	※	※	※	※			

▼処理条件

1．表の形式および体裁は，上の表を参考にして設定する。

　　設定する書式：罫線，列幅，4行目・A11・A12の中央揃え，

　　　　　　　　　　2行目のタイトルはB列〜E列をセル結合して中央揃え

2．上の表を参考にデータを入力し，※印の部分は関数などを利用して求める。

3．F列の「受験回数」は，模試を受験した回数を求める。なお，欠 は欠席を示している。

4．G列の「模試平均」は，模試1回〜4回の点数の平均を求め，小数第1位まで表示する。

5．H列の「結果」は，G列の「模試平均」が72以上の場合は 夏休み と表示し，それ以外の場合は
　　登校　と表示する。

6．11行目の「最高」は，5〜10行目の最大値を求める。

7．12行目の「最低」は，5〜10行目の最小値を求める。

次のセルに設定した式を答えなさい。

F5	
G5	
H5	
B11	
B12	

3. 端数処理

例題 7-3

次のような表を作成しよう。

例題7-2（p.94）で作成した売上一覧表から，5月と比較した6月の伸び率（小数第3位未満四捨五入して％表示）を求めてみよう。また，売上平均の数値を，10円未満を切り上げて表示させよう。

	A	B	C	D	E	F	G	H	I
1			鈴木花店の売上一覧表						
2									
3									
4	花名	4月	5月	6月	売上合計	売上平均	判定	伸び率	
5	カーネーション	¥159,470	¥197,400	¥112,320	¥469,190	¥156,400	*	-43.1%	
6	カスミソウ	¥43,000	¥30,010	¥34,300	¥107,310	¥35,770		14.3%	
7	チューリップ	¥182,420	¥127,690	¥159,080	¥469,190	¥156,400	*	24.6%	
8	バラ	¥234,250	¥167,570	¥163,970	¥565,790	¥188,600	*	-2.1%	
9	ユリ	¥89,570	¥64,690	¥91,650	¥245,910	¥81,970		41.7%	
10	月合計	¥708,710	¥587,360	¥561,320	¥1,857,390	¥619,130			
11	最大売上高	¥234,250	¥197,400	¥163,970					
12	最小売上高	¥43,000	¥30,010	¥34,300					
13	花の種類	5							
14									

端数処理とは，四捨五入や切り上げ，切り捨てによって端数を特定の桁で処理することである。

（1）ROUND関数

四捨五入するには，ROUND関数を利用する。

> **=ROUND(数値,桁数)**
> 「数値」（または計算結果）を四捨五入して指定した「桁数」にする。
> **関数式の例**：=ROUND(1234.567,2) **結果** 1234.57
> 　　　　　　数値「1234.567」を小数第2位未満で四捨五入する。

それでは，「伸び率」を求めてみよう。

①セルH4に「伸び率」と入力する

②セルH5をクリックする

③[関数の挿入]ボタンをクリックする

第1章

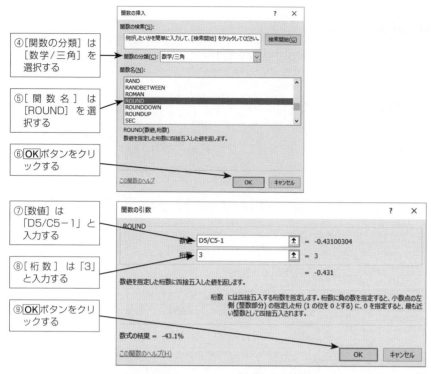

④[関数の分類]は
　[数学／三角]を
　選択する

⑤[関数名]は
　[ROUND]を選
　択する

⑥OKボタンをクリ
　ックする

⑦[数値]は
　「D5/C5-1」と
　入力する

⑧[桁数]は「3」
　と入力する

⑨OKボタンをクリ
　ックする

H6〜H9までコピーしよう。

	A	B	C	D	E	F	G	H	I
1									
2			鈴木花店の売上一覧表						
3									
4	花名	4月	5月	6月	売上合計	売上平均	判定	伸び率	
5	カーネーション	¥159,470	¥197,400	¥112,320	¥469,190	¥156,397	＊	-0.431	
6	カ ス ミ ソ ウ	¥43,000	¥30,010	¥34,300	¥107,310	¥35,770		0.143	
7	チ ュ ー リ ッ プ	¥182,420	¥127,690	¥159,080	¥469,190	¥156,397	＊	0.246	
8	バ　　　　ラ	¥234,250	¥167,570	¥163,970	¥565,790	¥188,597	＊	-0.021	
9	ユ　　　　リ	¥89,570	¥64,690	¥91,650	¥245,910	¥81,970		0.417	
10	月合計	¥708,710	¥587,360	¥561,320	¥1,857,390	¥619,130			
11	最 大 売 上 高	¥234,250	¥197,400	¥163,970					
12	最 小 売 上 高	¥43,000	¥30,010	¥34,300					
13	花 の 種 類	5							
14									

コピーができたら，[ホーム]リボンの % ボタンと ％ ボタンを使って％表示，および小数第1位まで表示し，体裁を整える。

桁数はどの位まで求めるかによって，次のように指定する。

求める位	1000	100	10	1	小数第1位	小数第2位	小数第3位
指定する桁数	-3	-2	-1	0	1	2	3

式	結果
=ROUND(1234.56,1)	1234.6
=ROUND(1234.56,0)	1235
=ROUND(1234.56,-2)	1200
=ROUND(-1234.56,1)	-1234.6

（2）ROUNDUP関数

<ruby>ROUNDUP<rt>ラ ウ ン ド ア ッ プ</rt></ruby>

切り上げるには，ROUNDUP関数を利用する。

=ROUNDUP(数値,桁数)

「数値」（または計算結果）を切り上げて指定した「桁数」にする。

関数式の例：=ROUNDUP(1234.567, 2)　**結果**　1234.57

　　　　　数値「1234.567」を小数第2位未満で切り上げる。

「売上平均」を10円未満を切り上げて表示してみよう。

①セルF5をクリックし，Deleteキーを押す

②[関数の挿入]ボタンをクリックする

③[関数の分類]は[数学/三角]を選択し，[関数名]は[ROUNDUP]を選択する

④OKボタンをクリックする

⑤▼ボタンをクリックし，[AVERAGE]を選択する

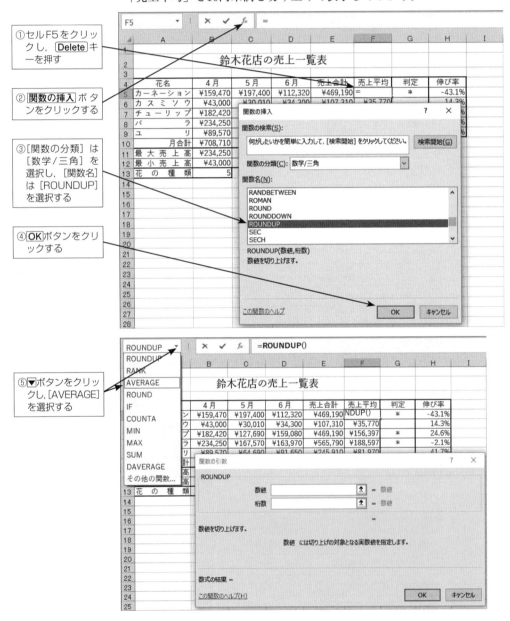

102

⑥[数値1]は「B5:
D5」に変更する

⑦数式バーの
[ROUNDUP]を
クリックする

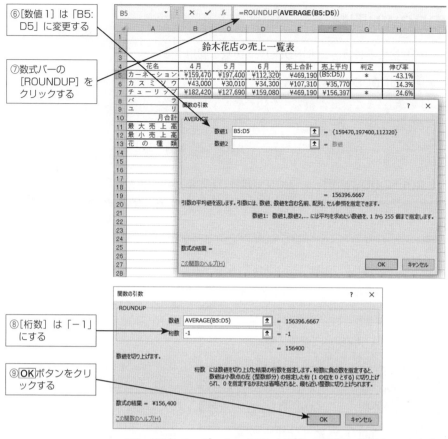

⑧[桁数]は「－1」
にする

⑨OKボタンをクリ
ックする

F6～F9までコピーし，切り上げ前の処理と比較してみよう。

（処理前）　　　　（処理後）

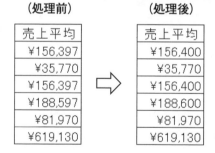

売上平均
¥156,397
¥35,770
¥156,397
¥188,597
¥81,970
¥619,130

売上平均
¥156,400
¥35,770
¥156,400
¥188,600
¥81,970
¥619,130

桁数の指定方法は，ROUND関数と同じである（p.101を参照）。

式	結果
=ROUNDUP(1234.56,1)	1234.6
=ROUNDUP(1234.56,0)	1235
=ROUNDUP(1234.56,－2)	1300
=ROUNDUP(－1234.56,1)	－1234.6

（3）ROUNDDOWN関数

切り捨てるには，ROUNDDOWN関数を利用する。

> **=ROUNDDOWN(数値,桁数)**
> 「数値」（または計算結果）を切り捨てて指定した「桁数」にする。
> **関数式の例**：=ROUNDDOWN(1234.567, 2)　**結果**　1234.56
> 　　　　　　　数値「1234.567」を小数第2位未満で切り捨てる。

ROUNDDOWN関数は，ROUND関数の使用と同様の処理手順で使う。

練習問題　　　　　　　　　　　　　　　　　　解答 ➡ P.6

練習問題 7-7

処理条件にしたがって下の表を完成させ，保存しなさい。　　　　　［ファイル名：練習7-7］

	A	B	C	D
1				
2		ケーキショップ新商品の売上状況		
3				
4	月／商品名	マンゴゼリー	小豆プリン	モモタルト
5	4月	108,000	189,000	120,000
6	5月	254,200	217,000	120,000
7	6月	330,000	294,000	99,200
8	平均	230,700	※	※
9	伸び率	206%	※	※
10	割合	47.6%	※	※

▼**処理条件**

1．表の形式および体裁は，上の表を参考にして設定する。

　　設定する書式：罫線，列幅，数値に付ける3桁ごとのコンマ，

　　　　　　　　4行目とA列の中央揃え

2．上の表を参考にデータを入力し，※印の部分は関数などを利用して求める。

3．8行目の「平均」は，5〜7行目の平均を求める。ただし，100円未満を四捨五入して表示する。

4．9行目の「伸び率」は，次の式で求める。ただし，小数第2位未満を切り上げて，％で表示する。

　　　「6月の売上　÷　4月の売上　−　1」

5．10行目の「割合」は，次の式で求める。ただし，小数第3位未満を切り捨てて，％で小数第1位まで表示する。

　　　「6月の売上　÷　4月・5月・6月の売上の合計」

次のセルに設定した式を答えなさい。

B8	
B9	
B10	

相対参照と絶対参照

例題 8-1

　例題7-1（p.85）で作成した売上一覧表から，全体の売上に占める各花の売上の割合を求めてみよう。割合の表示は「%」表示で，小数第1位まで表示しよう。

	A	B	C	D	E	F	G	H
1								
2			鈴木花店の売上一覧表					
3								
4	花名	4月	5月	6月	売上合計	売上平均	割合	
5	カーネーション	¥159,470	¥197,400	¥112,320	¥469,190	¥156,397	25.3%	
6	カスミソウ	¥43,000	¥30,010	¥34,300	¥107,310	¥35,770	5.8%	
7	チューリップ	¥182,420	¥127,690	¥159,080	¥469,190	¥156,397	25.3%	
8	バ　ラ	¥234,250	¥167,570	¥163,970	¥565,790	¥188,597	30.5%	
9	ユ　リ	¥89,570	¥64,690	¥91,650	¥245,910	¥81,970	13.2%	
10	月合計	¥708,710	¥587,360	¥561,320	¥1,857,390	¥619,130	100.0%	
11	最大売上高	¥234,250	¥197,400	¥163,970				
12	最小売上高	¥43,000	¥30,010	¥34,300				
13	花の種類	5						
14								

　カーネーションの「割合」のセルG5は「=E5/E10」で求めることができる。この式をG6～G10までコピーすると，次のようなエラーメッセージが表示される。

	A	B	C	D	E	F	G	H
1								
2			鈴木花店の売上一覧表					
3								
4	花名	4月	5月	6月	売上合計	売上平均	割合	
5	カーネーション	¥159,470	¥197,400	¥112,320	¥469,190	¥156,397	0.252607	
6	カスミソウ	¥43,000	¥30,010	¥34,300	¥107,310	¥35,770	#DIV/0!	
7	チューリップ	¥182,420	¥127,690	¥159,080	¥469,190	¥156,397	#DIV/0!	
8	バ　ラ	¥234,250	¥167,570	¥163,970	¥565,790	¥188,597	#DIV/0!	
9	ユ　リ	¥89,570	¥64,690	¥91,650	¥245,910	¥81,970	#DIV/0!	
10	月合計	¥708,710	¥587,360	¥561,320	¥1,857,390	¥619,130	#DIV/0!	
11	最大売上高	¥234,250	¥197,400	¥163,970				
12	最小売上高	¥43,000	¥30,010	¥34,300				
13	花の種類	5						
14								

エラーメッセージの「#DIV/0!」は0で割られたという意味

　コピー先のセルを調べてみると，次のようになっている。

　　G6 ・・・ =E6/E11

　　G7 ・・・ =E7/E12

　　G8 ・・・ =E8/E13

　　G9 ・・・ =E9/E14

　このようにコピーすると参照するセル番地が相対的な位置に自動的に変更（相対参照）される。しかし，「売上割合」を正確に計算するためには，分母にあたるセルE10はコピーしても参照するセル番地を固定したまま（絶対参照）にする必要がある。

　絶対参照の指定は，「$E$10」のようにドル記号「$」をつける。「$」をつけるには，そのセルが選択されている状態で F4 キーを押す。F4 キーを押すごとに，次のように参照形式が変わる。

$$\rightarrow \text{E}10 \rightarrow \$\text{E}\$10 \rightarrow \text{E}\$10 \rightarrow \$\text{E}10$$

① **E10**

どこにコピーしても，行番号・列番号は相対的に変化する。

② **$E$10**

どこにコピーしても，行番号・列番号は変化しない。

③ **E$10**

どこにコピーしても，行番号は変化しないが，列番号は相対的に変化する。

④ **$E10**

どこにコピーしても，列番号は変化しないが，行番号は相対的に変化する。

それでは，「割合」を求めてみよう。

①割合を求めるセル
G5をクリックする

②「＝」を入力し，
セルE5をクリッ
クし，「／」を入力
する

③セルE10をクリ
ックし，[F4]キー
を押し，「$E$10」
（E$10でも可）に
し，最後に[Enter]
キーを押す

	A	B	C	D	E	F	G	H
1								
2			鈴木花店の売上一覧表					
3								
4	花名	4月	5月	6月	売上合計	売上平均	割合	
5	カーネーション	¥159,470	¥197,400	¥112,320	¥469,190	¥156,397	=E5/$E$10	
6	カスミソウ	¥43,000	¥30,010	¥34,300	¥107,310	¥35,770		
7	チューリップ	¥182,420	¥127,690	¥159,080	¥469,190	¥156,397		
8	バ ラ	¥234,250	¥167,570	¥163,970	¥565,790	¥188,597		
9	ユ リ	¥89,570	¥64,690	¥91,650	¥245,910	¥81,970		
10	月合計	¥708,710	¥587,360	¥561,320	¥1,857,390	¥619,130		
11	最大売上高	¥234,250	¥197,400	¥163,970				
12	最小売上高	¥43,000	¥30,010	¥34,300				
13	花の種類	5						
14								

続いて，セルG5をG6～G10までコピーし，％をつけて小数第1位まで表示する。

第1章

106

9 応用的な関数

1. 順位付けと並べ替え

例題 9-1

次のような表を作成しよう。

例題7-1（p.85）で作成した売上一覧表から，「売上合計」を基準に降順に順位を求めてみよう。

	A	B	C	D	E	F	G	H
1								
2			鈴木花店の売上一覧表					
3								
4	花名	4月	5月	6月	売上合計	売上平均	順位	
5	カーネーション	¥159,470	¥197,400	¥112,320	¥469,190	¥156,397	2	
6	カスミソウ	¥43,000	¥30,010	¥34,300	¥107,310	¥35,770	5	
7	チューリップ	¥182,420	¥127,690	¥159,080	¥469,190	¥156,397	2	
8	バラ	¥234,250	¥167,570	¥163,970	¥565,790	¥188,597	1	
9	ユリ	¥89,570	¥64,690	¥91,650	¥245,910	¥81,970	4	
10	月合計	¥708,710	¥587,360	¥561,320	¥1,857,390	¥619,130		
11	最大売上高	¥234,250	¥197,400	¥163,970				
12	最小売上高	¥43,000	¥30,010	¥34,300				
13	花の種類	5						
14								

（1）RANK関数

あるデータを基準に順位を求めるには，RANK関数を利用する。

=RANK(数値,参照,順序)

数値：順位を調べたい数値を指定する。

参照：順位付けをする対象となる範囲を指定する。

順序：大きい順（降順）は0（省略可），小さい順（昇順）は1。

関数式の例：=RANK(E5,$E$5:$E$9,0)

　　　　　　　E5〜E9の中で降順でのE5の順位を求める。

「売上合計」を基準に降順に順位を求めてみよう。

①セルG5をクリックし，[関数の挿入]ボタンをクリックする

②[関数の分類]を[すべて表示]にする

③[RANK]を選択し，[OK]ボタンをクリックする

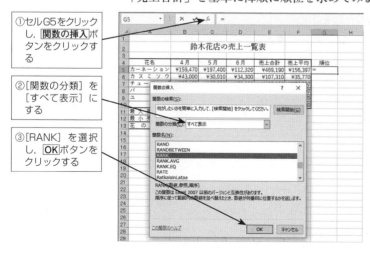

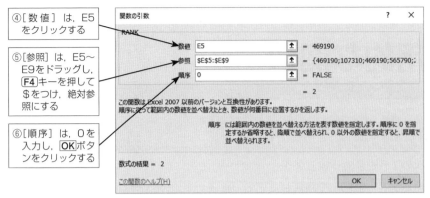

④[数値]は，E5
をクリックする

⑤[参照]は，E5～
E9をドラッグし，
F4キーを押して
$をつけ，絶対参
照にする

⑥[順序]は，0を
入力し，OKボタ
ンをクリックする

第1章

　　G5の式をG6～G9にコピーし，罫線を整え，ファイル名「例題9-1」として保存する。

練習問題

解答 ⇨ P.7

練習問題 9-1

[ファイル名：練習9-1]

次のような表を作成し，保存しなさい。

	A	B	C	D	E	F
1						
2		ゴルフ成績表				
3						
4	選手名	1st	2nd	合計	通算	順位
5	ワトソン	69	71	※	※	※
6	マキロイ	71	69	※	※	※
7	マツヤマ	71	74	※	※	※
8	カプルス	72	67	※	※	※
9	ウッズ	72	75	※	※	※
10	ヤン	73	70	※	※	※
11	ビヨーン	73	76	※	※	※
12	クラーク	73	81	※	※	※
13	ミケルソン	74	68	※	※	※
14	キム	74	76	※	※	※
15	ドナルド	75	73	※	※	※
16	イシカワ	76	77	※	※	※

▼処理条件

1．表の※の部分は，式や関数などを利用して求める。

2．D列の「合計」は，B列～C列の合計を求める。

3．E列の「通算」は，「**合計 － 144**」の式で求める。

4．F列の「順位」は，E列の「通算」を基準として昇順に順位をつける。

　　次のセルに設定した式を答えなさい。

D5	
E5	
F5	

（2）並べ替え

例題 9-2

次のような表を作成しよう。

例題 9-1（p.107）で作成した売上一覧表を，「順位」を基準に昇順に並べ替えてみよう。

	A	B	C	D	E	F	G	H
1								
2			鈴木花店の売上一覧表					
3								
4	花名	4月	5月	6月	売上合計	売上平均	順位	
5	バ　　　ラ	¥234,250	¥167,570	¥163,970	¥565,790	¥188,597	1	
6	カーネーション	¥159,470	¥197,400	¥112,320	¥469,190	¥156,397	2	
7	チューリップ	¥182,420	¥127,690	¥159,080	¥469,190	¥156,397	2	
8	ユ　　　リ	¥89,570	¥64,690	¥91,650	¥245,910	¥81,970	4	
9	カスミソウ	¥43,000	¥30,010	¥34,300	¥107,310	¥35,770	5	
10	月合計	¥708,710	¥587,360	¥561,320	¥1,857,390	¥619,130		
11	最大売上高	¥234,250	¥197,400	¥163,970				
12	最小売上高	¥43,000	¥30,010	¥34,300				
13	花の種類	5						
14								

　ある項目をキー（基準）として，数値の大きい順や五十音順に並べ替えることを**並べ替え（ソート）**という。並べ替える順序が小さい順を**昇順（正順）**，大きい順を**降順（逆順）**という。

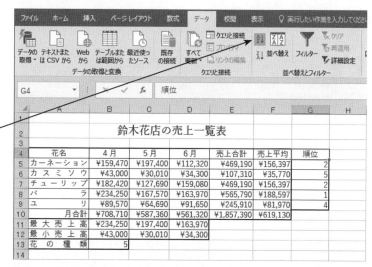

①並べ替えのキーとなる「順位」の列のG4（G5～G9でも可）にセルポインタを移動する

②［データ］リボンの**昇順**ボタンをクリックする

ファイル名「例題9-2」として保存する。

（3）複数のキーによる並べ替え

ある項目をキーにして並べ替えをしたとき，同じデータがある場合がある。このようなときに，複数の項目をキーにして並べる順番を指定することができる。

第1キーを「順位」の昇順，第2キーを「6月」の降順にして並べ替えをする。

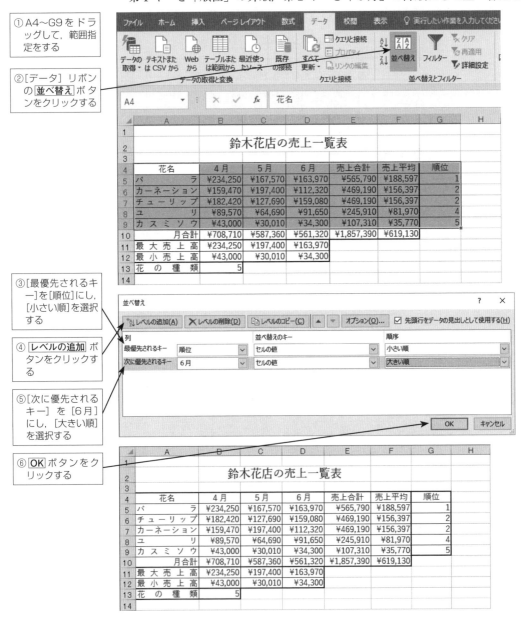

① A4〜G9をドラッグして，範囲指定をする

②[データ] リボンの 並べ替え ボタンをクリックする

③[最優先されるキー]を[順位]にし，[小さい順]を選択する

④ レベルの追加 ボタンをクリックする

⑤[次に優先されるキー] を [6月] にし，[大きい順] を選択する

⑥ OK ボタンをクリックする

練習問題

解答 ➡ P.7

練習問題 9-2

[ファイル名：練習9-2]

練習問題9-1（p.108）で作成したファイル（ファイル名：練習9-1）を呼び出して，次のような表を作成し，保存しなさい。

	A	B	C	D	E	F
1						
2		ゴルフ成績表				
3						
4	選手名	1st	2nd	合計	通算	順位
5	カブルス	72	67	139	-5	1
6	マキロイ	71	69	140	-4	2
7	ワトソン	69	71	140	-4	2
8	ミケルソン	74	68	142	-2	4
9	ヤン	73	70	143	-1	5
10	マツヤマ	71	74	145	1	6
11	ウッズ	72	75	147	3	7
12	ドナルド	75	73	148	4	8
13	ビヨーン	73	76	149	5	9
14	キム	74	76	150	6	10
15	イシカワ	76	77	153	9	11
16	クラーク	73	81	154	10	12

▼処理条件

1．5〜16行目のデータを，E列の「通算」を基準として昇順に並べ替える。ただし，「通算」が同じ場合は，A列の「選手名」を基準として昇順に並べ替える。

練習問題 9-3

次のような表を作成し，保存しなさい。

	A	B	C	D	E	F	G	H
1								
2				サッカーリーグ戦成績表				
3								
4	チーム名	勝	引分	負	得点	失点	勝ち点	得失点差
5	東京	10	2	10	38	39	※	※
6	横浜	9	5	8	35	28	※	※
7	名古屋	7	8	7	32	38	※	※
8	大阪	11	4	7	56	29	※	※
9	広島	7	5	10	30	41	※	※
10	福岡	5	10	7	21	37	※	※

▼処理条件

1．表の※の部分は，式や関数などを利用して求める。

2．G列の「勝ち点」は，「勝 × 3 ＋ 引分 × 1」の式で求める。

3．H列の「得失点差」は，「得点 － 失点」の式で求める。

4．5〜10行目のデータを，G列の「勝ち点」を基準として降順に並べ替える。ただし，「勝ち点」が同じ場合は，H列の「得失点差」を基準として降順に並べ替える。

次のセルに設定した式を答えなさい。

G5	
H5	

2.　文字列の抽出

例題　9-3

次のような表を作成しよう。

	A	B	C	D
1				
2	商品コード	会社名	種類	金額
3	YAMAカシ2000	YAMA	カシ	2000
4				

▼処理条件

1．網掛け部分以外のデータは，入力する。

2．B3の「会社名」は，A3の「商品コード」の左端から4文字を抽出する。

3．C3の「種類」は，「商品コード」の左端から5文字目から2文字を抽出する。

4．D3の「金額」は，「商品コード」の右端から4文字を抽出する。

（1）LEFT関数

左端から文字列を抽出するには，LEFT関数を利用する。

> **=LEFT(文字列,文字数)**
>
> **文字列**：取り出したい文字列を含む文字列を指定する。
>
> **文字数**：文字列の左端から取り出したい文字数を指定する。
>
> **関数式の例**：=LEFT(A3,4)
>
> 　　　　A3の文字列の左端から4文字を抽出する。

B3にLEFT関数を入力し，「会社名」を抽出する。

①[文字列] は，取り出したい文字列を含むセルA3を指定する

②[文字数] は，左端から取り出したい文字数の「4」を指定する

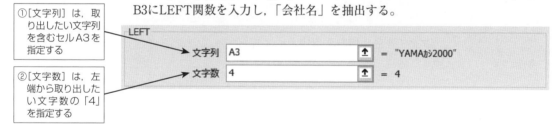

LEFT

| 文字列 | A3 | ↑ | ＝ "YAMAカシ2000" |
| 文字数 | 4 | ↑ | ＝ 4 |

（2）MID関数

文字列の途中から文字を抽出するには，MID関数を利用する。

> **=MID(文字列,開始位置,文字数)**
>
> **文字列**：取り出したい文字列を含む文字列を指定する。
>
> **開始位置**：取り出したい文字の先頭の文字位置を指定する。
>
> **文字数**：文字列の開始位置から取り出したい文字数を指定する。
>
> **関数式の例**：=MID(A3,5,2)
>
> 　　　　A3の文字列の左端5文字目から，2文字を抽出する。

C3にMID関数を入力し，「種類」を抽出する。

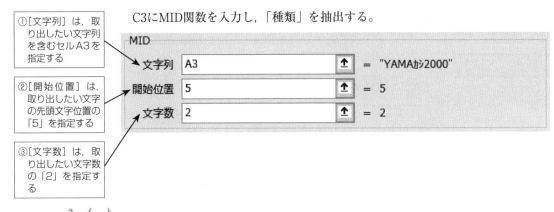

①[文字列] は，取
り出したい文字列
を含むセルA3を
指定する

②[開始位置] は，
取り出したい文字
の先頭文字位置の
「5」を指定する

③[文字数] は，取
り出したい文字数
の「2」を指定す
る

（3）RIGHT関数

右端から文字を抽出するには，RIGHT関数を利用する。

> **=RIGHT(文字列,文字数)**
> **文字列**：取り出したい文字列を含む文字列を指定する。
> **文字数**：文字列の右端から取り出したい文字数を指定する。
> **関数式の例**：=RIGHT(A3,4)
> 　　　　　　A3の文字列の右端から4文字を抽出する。

D3にRIGHT関数を入力し，「金額」を抽出する。

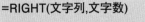

RIGHT

| 文字列 | A3 | ↑ | = "YAMAカシ2000" |
| 文字数 | 4 | ↑ | = 4 |

①[文字列] は，取
り出したい文字列
を含むセルA3を
指定する

②[文字数] は，右
端から取り出した
い文字数の「4」
を指定する

ファイル名「例題9-3」として保存する。

練習問題　　　　　　　　　　　　解答 ➡ P.8

練習問題 9-4　　　　　　　　　　　　　［ファイル名：練習 9-4］

次のような表を作成し，保存しなさい。

	A	B	C	D	E
1					
2	IDコード	種別	学年	組	番号
3	S2317	※	※	※	※

▼処理条件

1．B3の「種別」は，A3の「IDコード」の左端から1文字を抽出する。

2．C3の「学年」は，A3の「IDコード」の左端から2文字目から1文字を抽出する。

3．D3の「組」は，A3の「IDコード」の左端から3文字目から1文字を抽出する。

4．E3の「番号」は，A3の「IDコード」の右端から2文字を抽出する。

次のセルに設定した式を答えなさい。

B3	
C3	
D3	
E3	

3. 文字列を数値に変換

例題 9-4	例題9-3（p.113）を呼び出して，次のように修正しよう。

	A	B	C	D	E
1					
2	商品コード	会社名	種類	金額	金額数値
3	YAMAカシ2000	YAMA	カシ	2000	2,000

▼処理条件

1. 網掛け部分以外のデータは，例題9-3を修正する。

2. E3の「金額数値」は，D3の「金額」を数値に変換してコンマ表示する。

（1）VALUE関数

例題9-3で抽出した金額「2000」は，文字列なのでコンマ表示できない。そこで，数値に変換する関数を利用してコンマ表示できるようにする。

文字列を数値に変換するには，VALUE関数を利用する。

> **=VALUE(文字列)**
>
> **文字列**：文字列から数値に変換する数字またはセルを指定する。
>
> **関数式の例**：=VALUE(D3)
>
> D3に文字列として入力されている数字を数値に変換する。

①[文字列] は，文字列から数値に変換するセルD3を指定する

E3にVALUE関数を入力し，数値に変換する。

VALUE
文字列 D3 ⬆ = "2000"

②[ホーム]リボンの 桁区切りスタイル ボタンをクリックし，コンマ表示にする

ファイル名「例題9-4」として保存する。

練習問題　　　　　　　　　　　　　　　　　　解答 ➡ P.8

練習問題 9-5　　　　　　　　　　　　　　　　　　　［ファイル名：練習9-5］

次のような表を作成し，保存しなさい。

	A	B
1		
2	文字	数値
3	2,500円	※

▼処理条件

1. B3の「数値」は，A3の「文字」の数字部分を抽出し，数値に変換する。

次のセルに設定した式を答えなさい。

B3	

4. 数値を文字列に変換

例題 9-5　次のような表を作成しよう。

	A	B
1		
2	売上高(円)	売上高(万円)
3	95,849,448	9,585

▼処理条件

1．網掛け部分以外のデータは，入力する。

2．B3の「売上高（万円）」は，A3の「売上高（円）」の単位を変えて文字列に変換する。

（1）FIXED関数

フィックスト

数値を文字列に変換するには，FIXED関数を利用する。

> **=FIXED(数値,桁数,桁区切り)**
>
> **数値**：四捨五入して，文字列に変換したい数値を指定する。
>
> **桁数**：小数点以下の桁数を指定する。省略は2とみなす。
>
> **桁区切り**：計算結果にコンマを付ける場合は0，付けない場合は0以外を指定する。省略は0とみなす。
>
> **関数式の例**：=FIXED(A3/10000,0,0)
>
> 　　　　A3を10000で割り，小数点以下を四捨五入し，コンマ表示する。

B3にFIXED関数を入力し，文字列に変換する。

①［数値］は，「A3／10000」を指定し，単位を変える

②［桁数］は，小数点以下に表示する桁数「0」を指定する

③［桁区切り］は，コンマ表示をするので「0」を指定する（省略可）

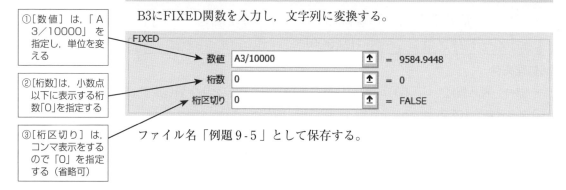

ファイル名「例題9-5」として保存する。

（2）ROUND関数との違い

B3を「=ROUND(A3/10000,0)」としても同様に表示される。

	A	B
1		
2	売上高(円)	売上高(万円)
3	95,849,448	9,585

しかし，FIXED関数との違いがあるので，C3に文字列演算子&（アンパサンド）を使い，文字列を結合して確認してみよう。

<式の設定>　C3：="売上高は、約"&B3&"万円"

<FIXED関数の場合>

▲	A	B	C
1			
2	売上高(円)	売上高(万円)	コメント
3	95,849,448	9,585	売上高は、約9,585万円

<ROUND関数の場合>

▲	A	B	C
1			
2	売上高(円)	売上高(万円)	コメント
3	95,849,448	9,585	売上高は、約9585万円

　このように，結合した結果にコンマがあるか，ないかの違いがある。これは，FIXED関数ではコンマも文字として記憶しているが，ROUND関数では数値だけを記憶して，コンマはセルの書式設定で表示されているからである。

練習問題　　　　　　　　　　　　　　　　　　　解答 ➡ P.9

練習問題 9-6　　　　　　　　　　　　　　　　　　　　［ファイル名：練習9-6］

次のような表を作成し，保存しなさい。

▲	A	B	C
1			
2	商品名	販売価格	税込価格
3	ノートパソコン	189,000	※

▼処理条件

1．C3の「税込価格」は，B3の「販売価格」を1.1倍した数値を文字列に変換し，「円（税込）」という文字と結合して表示する。

次のセルに設定した式を答えなさい。

C3	

5. 文字列の長さ

例題 9-6

次のような表を作成しよう。

	A	B
1		
2	文字列	文字数
3	高校野球	4
4	こうこうやきゅう	8
5	コウコウヤキュウ	8
6	ｺｳｺｳﾔｷｭｳ	8
7	koukouyakyuu	12

▼処理条件

1. 網掛け部分以外のデータは，入力する。

2. B列の「文字数」は，A列の「文字列」のデータの文字数を求める。

（1）LEN関数
レングス

文字数を求めるには，LEN関数を利用する。

=LEN(文字列)

文字列：数を求めたい文字列を指定する。

関数式の例：=LEN(A3)

半角・全角の区別なく，A3に入力されている文字数を求める。

B3にLEN関数を入力し，「文字数」を求める。

①［文字列］は，セルA3を指定する

LEN

文字列 A3　　　　　　　　　　　　　　⬆　＝ "高校野球"

②セルB3をB4〜B7にコピーする

ファイル名「例題9-6」として保存する。

第1章

練習問題 9-7　　　　　　　　　　　　　　　　　　　　　[ファイル名：練習 9-7]

次のような表を作成し，保存しなさい。

	A	B	C
1			
2	文字列	真中の位置	真中の文字
3	エクセルの勉強	※	※
4	楽しいな	※	※

▼処理条件

1．B列の「真中の位置」は，A列の「文字列」を左端から数えて真中の位置を求める。ただし，真中が2文字にまたがる場合は，左側の文字とする。

2．C列の「真中の文字」は，A列の「文字列」の真中の文字を抽出する。

次のセルに設定した式を答えなさい。

B3	
C3	

6．日時の関数

例題　9-7　　　現在の日時，本日の日付を表示する。

	A	B	C
1	現在の日時		本日の日付
2	2021/11/25 11:02		2021/11/25

▼処理条件

1．網掛け部分以外のデータは，入力する。

（1）NOW関数

現在の日時を表示するには，NOW関数を利用する。

=NOW( )
現在の日付と時刻のシリアル値を求める。
関数式の例：=NOW( )

A2にNOW関数を入力し，「現在の日時」を表示する。引数はないので，何も設定しないで，OKボタンをクリックする。

> **引数**
> 関数が計算などをするときに必要な情報のこと

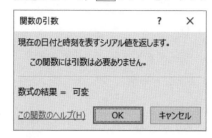

（2）TODAY関数

現在の日付を表示するには，TODAY関数を利用する。

> **=TODAY( )**
> 現在の日付のシリアル値を求める。
> **関数式の例：**=TODAY( )

C2にTODAY関数を入力し，「本日の日付」を表示する。引数はない。

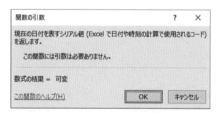

7. 関数のネスト

関数の中に関数を入れることを**関数のネスト（入れ子）**という。

例題　9-8

次のような表を作成しよう。

▲	A	B	C
1			
2	補習授業出欠表		
3	No.	氏名	出席
4	1	西岡　一郎	○
5	2	片山　みどり	
6	3	白木　孝	○
7	4	藤　弘美	○
8	5	横山　恵子	○
9	6	川上　裕介	○
10			欠席あり

▼処理条件

1．網掛け部分以外のデータは入力する。

2．C4～C9の「出席」は，出席者には○印を入力し，それ以外は何も入力しない。

3．C10は，「出席」に○印が6の場合は 全員出席 と表示し，それ以外は 欠席
あり と表示する。

（1）IF関数と他の関数のネスト

IF関数の引数の中にも，他の関数を入れてネストすることができる。

IF関数のネストは複雑になると理解しづらいので，条件と処理の関係を図に
表しておくとよい。

C列の「出席」に○印（文字が入力されているセル）が6個の場合という条件
は，ひし形の中に記入する。条件が真の場合に 全員出席 と表示する処理はYES
の方向にある長方形に記入し，偽の場合に 欠席あり と表示する処理はNOの方
向にある長方形に記入する。

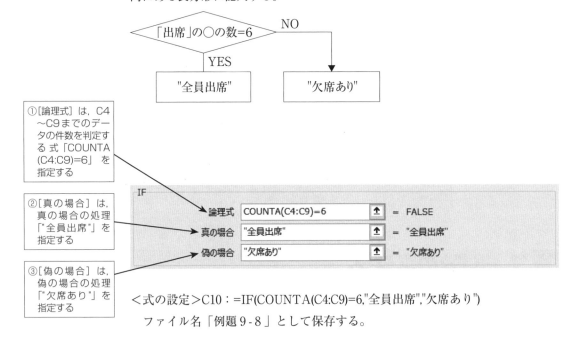

①[論理式]は，C4
～C9までのデー
タの件数を判定す
る式「COUNTA
(C4:C9)=6」を
指定する

②[真の場合]は，
真の場合の処理
「"全員出席"」を
指定する

③[偽の場合]は，
偽の場合の処理
「"欠席あり"」を
指定する

＜式の設定＞C10：=IF(COUNTA(C4:C9)=6,"全員出席","欠席あり")

ファイル名「例題9-8」として保存する。

例題 9-9

次のような表を作成しよう。

	A	B	C
1			
2	支店別の営業成績		
3	支店名	売上	評価
4	中央支店	2,480,000	
5	東 支 店	2,200,000	
6	西 支 店	4,500,000	優秀
7	南 支 店	3,980,000	
8	北 支 店	1,300,000	努力

第1章

▼処理条件

1．網掛け部分以外のデータは入力する。

2．C列の「評価」は，B列の「売上」が4000000以上の場合は 優秀 と表示し，
2000000以下の場合は 努力 と表示し，それ以外の場合は何も表示しない。

（2）IF関数とIF関数のネスト

条件により処理を3つ以上に分岐させる場合には，IF関数の引数の中にIF関数を入れてネストにする。

B列の「売上」が4000000以上の場合という条件は，最初のひし形の中に記入する。条件が真の場合に 優秀 と表示する処理はYESの方向にある長方形に記入する。偽の場合にはさらに2つに分岐するのでIF関数を利用し，B列の「売上」が2000000以下かどうかにより，努力 と表示するか，何も表示しないかに分岐させる。

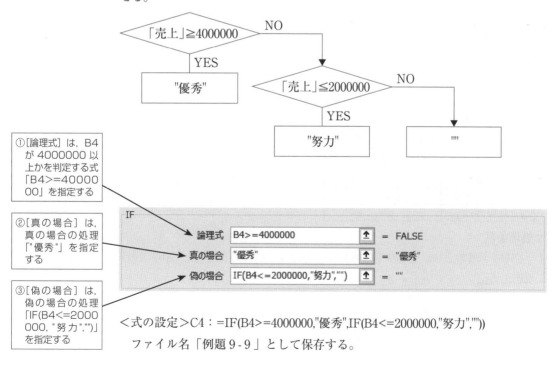

①[論理式] は，B4
が 4000000 以
上かを判定する式
「B4>=40000
00」を指定する

②[真の場合] は，
真の場合の処理
「"優秀"」を指定
する

③[偽の場合] は，
偽の場合の処理
「IF(B4<=2000
000, "努力","")」
を指定する

＜式の設定＞C4：=IF(B4>=4000000,"優秀",IF(B4<=2000000,"努力",""))

ファイル名「例題9-9」として保存する。

第1章

練習問題 9-8

次のような表を作成し，保存しなさい。　　　　　　　　　　　［ファイル名：練習9-8］

	A	B	C	D	E
1					
2	入場者数集計表				
3	月	入場者数			状況
4		大人	中高生	小学生以下	
5	4月	10,533	9,099	9,948	※
6	5月	11,208	9,570	10,062	※
7	6月	6,135	6,093	5,790	※
8	7月	4,491	5,193	5,055	※
9	8月	11,645	9,749	9,644	※
10	9月	10,940	9,419	9,260	※
11	平均	※	※	※	

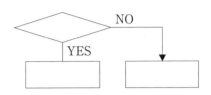

▼処理条件

1．E列の「状況」は，B列～D列の「入場者数」の合計が30000以上の場合は 混雑 と表示し，それ以外の場合は何も表示しない。

2．11行目の「平均」は，5行目～10行目の平均を求める。ただし，整数未満を四捨五入し整数で表示する。

次のセルに設定した式を答えなさい。

E5	
B11	

練習問題 9-9

次のような表を作成し，保存しなさい。　　　　　　　　　　　［ファイル名：練習9-9］

	A	B	C
1			
2	バス配車表		
3	団体名	参加者数	種類
4	北子供会	19	※
5	第4町会	20	※
6	東邦高校	40	※
7	ばら幼稚園	29	※
8	南製作所	30	※

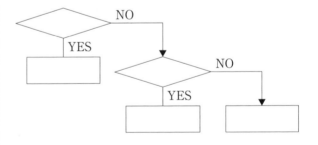

▼処理条件

1．C列の「種類」は，B列の「参加者数」が30以上の場合は 大型，20以上の場合は 中型，それ以外の場合は 小型 を表示する。

次のセルに設定した式を答えなさい。

C4	

練習問題 9-10

次のような表を作成し，保存しなさい。 ［ファイル名：練習9-10］

	A	B	C
1			
2	ホテルの客室表		
3	ホテル名	客室数	分類
4	サンホテル	100	※
5	シーホテル	101	※
6	パークホテル	201	※
7	ムーンホテル	350	※
8	リバーホテル	200	※

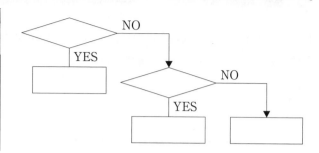

▼処理条件

1．C列の「分類」は，B列の「客室数」が200を超える場合は 大規模，100を超える場合は 中規模，それ以外の場合は 小規模 を表示する。

次のセルに設定した式を答えなさい。

C4	

練習問題 9-11

次のような表を作成し，保存しなさい。 ［ファイル名：練習9-11］

	A	B	C
1			
2	野球対戦表		
3	チームA	チームK	結果
4	3	1	※
5	2	2	※
6	6	8	※
7	0	4	※
8	11	5	※

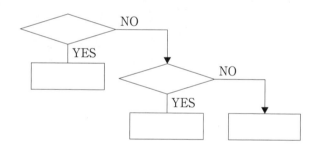

▼処理条件

1．C列の「結果」は，A列の「チームA」とB列の「チームK」が等しい場合は 引き分け，「チームA」の方が大きい場合は Aの勝ち，「チームK」の方が大きい場合は Kの勝ち を表示する。

次のセルに設定した式を答えなさい。

C4	

章末総合問題

【1】 次の表は，ある旅行会社の日帰りバスツアーの申し込み状況を集計したものである。処理条件にしたがって，表とグラフを作成しなさい。

[ファイル名：総合1-1]

	A	B	C	D	E	F
1			日帰りバスツアーの申し込み状況			
2						
3						
4	ツアー名	子供	大人	合計	バス台数	判定
5	三大紅葉巡り	22	48	70	2	
6	秩父ＳＬ列車	51	79	※	※	※
7	ミカン狩り	36	44	※	※	※
8	秋バラ鑑賞	7	13	※	※	※
9	柿食べ放題	74	90	※	※	※
10	合計	※	※	※	※	

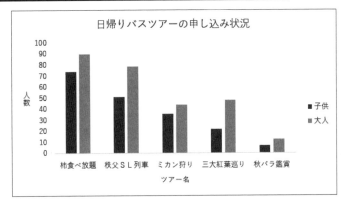

▼処理条件

1．表の形式および体裁は，上の表を参考にして設定する。

設定する書式：罫線

2．表の※印の部分は，式や関数を利用して求める。

3．D列の「合計」は，B列～C列の合計を求める。

4．E列の「バス台数」は，バスは50人乗りとし，次の式で求める。ただし，小数点以下を切り上げ，整数で表示する。

「合計 ÷ 50」

5．F列の「判定」は，D列の「合計」が30未満の場合は 中止 と表示し，それ以外の場合は何も表示しない。

6．10行目の「合計」は，5～9行目の合計を求める。

7．表の作成後，5～9行目のデータを，D列の「合計」を基準として，降順に並べ替える。

8．グラフは，表よりグラフ化する範囲を指定し，上記のように作成する。

【2】 次の表は，ある町にある自動販売機の売上本数を集計したものである。処理条件にしたがって，表とグラフを作成しなさい。

[ファイル名：総合1-2]

	A	B	C	D	E	F
1						
2			自動販売機の売上本数表			
3						
4	品名	山田商店	本田商店	森田商店	合計	割合
5	紅茶伝伝	122	133	146	※	※
6	しょうちゃん	104	61	188	※	※
7	ジョージ	148	100	98	※	※
8	蜂蜜ミカン	60	75	50	※	※
9	緑の水	155	88	120	※	※
10			総合計	※	※	
11	取扱商品数		平均	※	※	
12	※		最高	※	※	
13			最低	※	※	

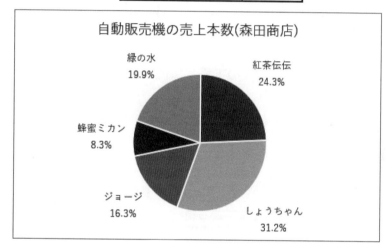

自動販売機の売上本数(森田商店)

緑の水 19.9%
紅茶伝伝 24.3%
蜂蜜ミカン 8.3%
ジョージ 16.3%
しょうちゃん 31.2%

▼処理条件

1．表の形式および体裁は，上の表を参考にして設定する。

　設定する書式：罫線，列幅

　設定する数値の表示形式：3桁ごとのコンマ，％，小数の表示桁数

2．表の※印の部分は，式や関数を利用して求める。

3．E列の「合計」は，B列～D列の合計を求める。

4．F列の「割合」は，合計に対する森田商店の割合を求める。ただし，小数第4位未満を切り捨てて，％表示で小数第2位まで表示する。

5．10～13行目の「総合計」，「平均」，「最高」，「最低」は，D列の5～9行目の合計，平均，最大値，最小値を求める。ただし，11行目の「平均」は，小数第1位未満を四捨五入して小数第1位まで表示する。

6．A12の「取扱商品数」は，「品名」の数を求める。

7．グラフは，表よりグラフ化する範囲を指定し，上記のように作成する。

【3】 次の表は，あるリーグの収入を示したものである。処理条件にしたがって，表とグラフを作成しなさい。

[ファイル名：総合1-3]

項目	前年度	今年度	合計	最高	最低
入会金・会費	978	1,045	※	※	※
放送権料	4,973	4,899	※	※	※
協賛金	4,296	4,003	※	※	※
商品化権料	678	665	※	※	※
リーグ主管試合入場料	300	290	※	※	※
その他	560	810	※	※	※
合計	※	※	※		
対前年度比		※			

リーグ収入一覧表 （単位：百万円）

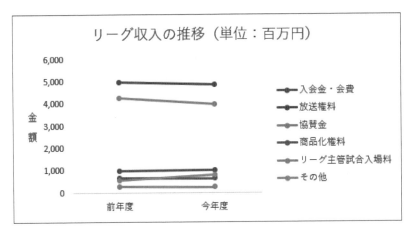

▼処理条件

1．表の形式および体裁は，上の表を参考にして設定する。

　設定する書式：罫線，列幅
　設定する数値の表示形式：3桁ごとのコンマ，％，小数の表示桁数

2．表の※印の部分は，式や関数を利用して求める。

3．D列の「合計」は，B列〜C列の合計を求める。

4．E列の「最高」は，B列〜C列の最大値を求める。

5．F列の「最低」は，B列〜C列の最小値を求める。

6．11行目の「合計」は，5〜10行目の合計を求める。

7．12行目の「対前年度比」は，次の式で求める。ただし，％表示で小数第1位まで表示する。

　　　「今年度の合計 ÷ 前年度の合計」

8．グラフは，表よりグラフ化する範囲を指定し，上記のように作成する。

【4】 次の表は，ある学校でのワープロ速度練習成果表である。処理条件にしたがって，表とグラフを作成しなさい。

[ファイル名：総合1-4]

	A	B	C	D	E	F	G	H
1								
2		ワープロ速度練習成果表						
3								
4	氏名	1回目	2回目	3回目	目標打数	達成率	順位	結果
5	田中梨奈子	599	700	733	800	89.57%	3	○
6	石井恵美	787	821	814	800	※	※	※
7	高橋文夫	441	467	500	500	※	※	※
8	太田和子	300	402	490	500	※	※	※
9	葉山美香	256	278	265	350	※	※	※
10	吉川一輝	108	136	210	350	※	※	※
11	最高	※	※	※				
12	最低	※	※	※				

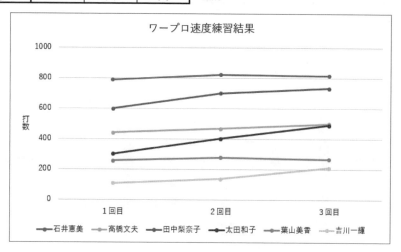

▼**処理条件**

1．表の形式および体裁は，上の表を参考にして設定する。

　　設定する書式：罫線，列幅
　　設定する数値の表示形式：％，小数の表示桁数

2．表の※印の部分は，式や関数を利用して求める。

3．F列の「達成率」は，次の式で求める。ただし，小数第4位未満を切り上げて，％表示で小数第2位まで表示する。

　　　「2回目から3回目までの平均打数　÷　目標打数」

4．G列の「順位」は，「達成率」を基準として，降順（逆順）に順位を付ける。

5．H列の「結果」は，「達成率」が100％を超える場合は ◎ ，80％を超える場合は ○ ，それ以外は △ と表示する。

6．表の作成後，5～10行目のデータを，G列の「順位」を基準として，昇順に並べ替える。

7．11行目の「最高」は，5～10行目の最大値を求める。

8．12行目の「最低」は，5～10行目の最小値を求める。

9．グラフは，表よりグラフ化する範囲を指定し，上記のように作成する。

【5】 次の表は，ある高校の生徒会部活動予算の執行額を集計したものである。処理条件にしたがって，表とグラフを作成しなさい。

[ファイル名：総合1-5]

	A	B	C	D	E	F	G	H
1								
2		部活動予算執行表						
3								
4	部コード	部名	種別	予算額	執行額	残高	執行率	備考
5	A21	吹奏楽	文化	250,000	174,300	75,700	70%	
6	B14	卓球	※	120,000	115,000	※	※	※
7	B12	サッカー	※	80,000	52,780	※	※	※
8	A22	生花茶道	※	50,000	10,500	※	※	※
9	B11	野球	※	130,000	123,850	※	※	※
10	B15	テニス	※	70,000	69,000	※	※	※
11		合計		※	※	※	※	

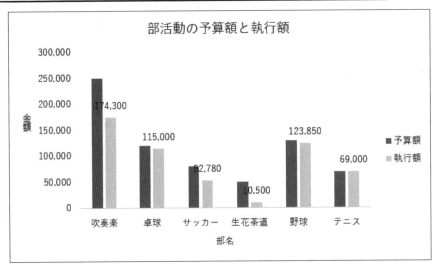

▼処理条件

1．表の形式および体裁は，上の表を参考にして設定する。

　　設定する書式：罫線，列幅
　　設定する数値の表示形式：3桁ごとのコンマ，％

2．表の※印の部分は，式や関数を利用して求める。

3．C列の「種別」は，A列の「部コード」がAから始まる場合は 文化 と表示し，Bから始まる場合は 運動 と表示する。

4．F列の「残高」は，「**予算額 － 執行額**」の式で求める。

5．G列の「執行率」は，「**執行額 ÷ 予算額**」の式で求める。ただし，小数第2位未満を切り上げ，％表示で整数で表示する。

6．H列の「備考」は，「執行率」が最小の場合は ★ を表示し，それ以外の場合は何も表示しない。

7．11行目の「合計」は，5～10行目の合計を求める。

8．グラフは，表よりグラフ化する範囲を指定し，上記のように作成する。

【6】 次の表は，あるお好み焼き店のメニューごとの売上個数一覧表である。処理条件にしたがっ
て，表とグラフを作成しなさい。

［ファイル名：総合1-6］

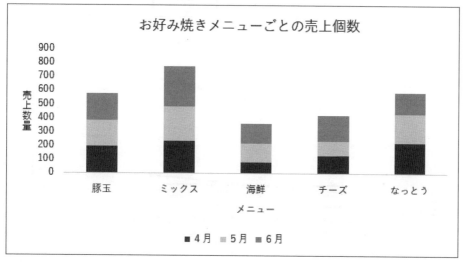

メニュー	単価	4月	5月	6月	売上額	売上比率	備考
豚玉	550	197	190	193	※	※	※
ミックス	600	236	247	291	※	※	※
海鮮	680	81	139	142	※	※	※
チーズ	510	132	106	185	※	※	※
なっとう	530	227	208	153	※	※	※
合計		※	※	※	※		
平均		※	※	※	※		

お好み焼きメニューごとの売上個数一覧

▼処理条件

1．表の形式および体裁は，上の表を参考にして設定する。

　設定する書式：罫線，列幅
　設定する数値の表示形式：3桁ごとのコンマ，％，小数の表示桁数

2．表の※印の部分は，式や関数を利用して求める。

3．F列の「売上額」は，種類ごとに4月から6月までの合計個数に単価を乗じて求める。

4．10行目の「合計」は，5～9行目の合計を求める。

5．11行目の「平均」は，5～9行目の平均を求める。ただし，整数部のみ表示する。

6．G列の「売上比率」は，売上額の合計に対する各売上額の割合を求める。ただし，小数第3位未
満を切り捨て，％表示で小数第1位まで表示する。

7．H列の「備考」は，売上額の平均以上の売上がある場合は ○ を表示し，それ以外の場合は何も
表示しない。

8．グラフは，表よりグラフ化する範囲を指定し，上記のように作成する。

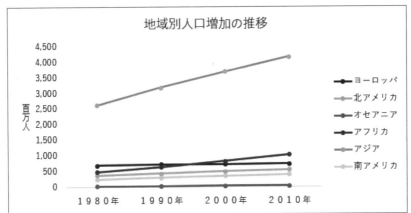

【7】 次の表は，人口の地域別分布を示したものである。処理条件にしたがって，表とグラフを作成しなさい。

［ファイル名：総合1-7］

	地域別	1980年	1990年	2000年	2010年	増加率	備考
				(単位：百万人)			
ヨーロッパ	693	721	727	733	※	※
北アメリカ	376	429	492	547	※	※
オセアニア	23	27	31	36	※	※
アフリカ	482	639	819	1,033	※	※
アジア	2,623	3,179	3,698	4,167	※	※
南アメリカ	241	296	347	393	※	※
全世界	※	※	※	※	※	
				最大	※	
				最小	※	

（表の上部には「人口の地域別分布」のタイトル、「地域別人口増加の推移」の折れ線グラフが付く）

▼**処理条件**

1．表の形式および体裁は，上の表を参考にして設定する。

　　設定する書式：罫線，列幅
　　設定する数値の表示形式：3桁ごとのコンマ，小数の表示桁数

2．表の※印の部分は，式や関数を利用して求める。

3．B11〜E11の「全世界」は，ヨーロッパ〜南アメリカまでの合計を求める。

4．F列の「増加率」は，「2010年の人口　÷　1980年の人口　−　1」の式で求める。ただし，小数第2位未満を四捨五入し，小数第2位まで表示する。

5．F12の「最大」は，ヨーロッパ〜南アメリカまでの増加率の最大値を求める。

6．F13の「最小」は，ヨーロッパ〜南アメリカまでの増加率の最小値を求める。

7．G列の「備考」は，F列の「増加率」が全世界の増加率を超える場合は半角文字の＊＊を表示し，それ以外の場合は何も表示しない。

8．グラフは，表よりグラフ化する範囲を指定し，上記のように作成する。

【8】 次の表は，ある高校の進路先別人数を示したものである。処理条件にしたがって，表とグラフを作成しなさい。

[ファイル名：総合1-8]

	A	B	C	D	E	F	G
1							
2				進路先別人数一覧表			
3							
4	進路先	東高校	西高校	南高校	北高校	進路別合計	進路別割合
5	四年制大学	45	52	57	46	※	※
6	短期大学	12	13	12	12	※	※
7	専門学校	90	69	49	43	※	※
8	民間就職	40	58	66	86	※	※
9	その他	16	6	11	9	※	※
10	合計	※	※	※	※	※	※
11	大学割合	※	※	※	※	※	
12	就職割合	※	※	※	※	※	
13	備考	※	※	※	※	※	

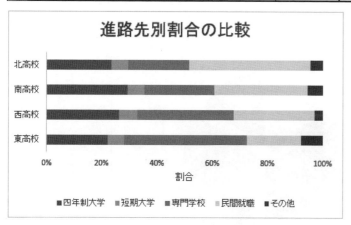

▼処理条件

1．表の形式および体裁は，上の表を参考にして設定する。

　設定する書式：罫線，列幅
　設定する数値の表示形式：％，小数の表示桁数

2．表の※印の部分は，式や関数を利用して求める。

3．10行目の「合計」は，5〜9行目の合計を求める。

4．F列の「進路別合計」は，B列〜E列の合計を求める。

5．G列の「進路別割合」は，進路別合計の合計に対する各進路別合計の割合を求める。ただし，％表示で小数第1位まで表示する。

6．11行目の「大学割合」は，次の式で求める。ただし，小数第3位未満を切り捨て，％表示で小数第1位まで表示する。

　　　「（四年制大学 ＋ 短期大学） ÷ 合計」

7．12行目の「就職割合」は，次の式で求める。ただし，小数第3位未満を切り捨て，％表示で小数第1位まで表示する。

　　　「民間就職 ÷ 合計」

8．13行目の「備考」は，「大学割合」が「就職割合」より大きい場合は 大学 を表示し，それ以外の場合は 就職 を表示する。

9．グラフは，表よりグラフ化する範囲を指定し，上記のように作成する。

【9】 次の表は，ある洋菓子店のクリスマスケーキの売上集計表である。処理条件にしたがって，
表とグラフを作成しなさい。 [ファイル名：総合1-9]

商品コード	単価	数量			合計金額	割合	判定
		12月23日	12月24日	12月25日			
N53000	3,000	5	20	12	111,000	16.6%	C
N64000	※	6	31	18	※	※	※
C52800	※	3	13	13	※	※	※
C53800	※	4	18	16	※	※	※
I52500	※	3	11	5	※	※	※
I63500	※	6	9	3	※	※	※
合計		※	※	※	※		

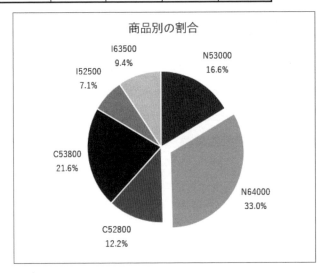

商品別の割合

▼処理条件

1．表の形式および体裁は，上の表を参考にして設定する。

　　設定する書式：罫線，列幅
　　設定する数値の表示形式：3桁ごとのコンマ，％，小数の表示桁数

2．表の※印の部分は，式や関数を利用して求める。

3．B列の「単価」は，A列の「商品コード」の右から4桁を抽出し，数値に変換して求める。

4．F列の「合計金額」は，B列の「単価」にC列～E列の数量の合計を乗じて求める。

5．G列の「割合」は，「合計金額」の合計に対する各商品の「合計金額」の割合を求める。ただし，
小数第3位未満を四捨五入し，％表示で小数第1位まで表示する。

6．H列の「判定」は，「割合」が30％以上の場合は A，20％以上の場合は B，それ以外の場合は C
と表示する。

7．12行目の「合計」は，6行目～11行目の合計を求める。

8．グラフは，表よりグラフ化する範囲を指定し，上記のように作成する。

【10】 次の表は，ある会社の新商品選考会の評価を集計したものである。処理条件にしたがって，表とグラフを作成しなさい。 [ファイル名：総合1-10]

	A	B	C	D	E	F	G	H
1								
2			社内新商品選考会評価表					
3								
4	商品番号	種別	評価				得点計	結果
5			社長	審査員A	審査員B	審査員C		
6	D001	デザート	75	80	85	80	157	再チャレンジ
7	D002	※	80	80	70	70	※	※
8	D003	※	75	90	85	90	※	※
9	D004	※	60	65	65	60	※	※
10	S001	※	60	40	55	60	※	※
11	S002	※	90	85	85	80	※	※
12	S003	※	65	65	65	65	※	※
13						平均	※	
14						最高	※	
15						商品数	※	

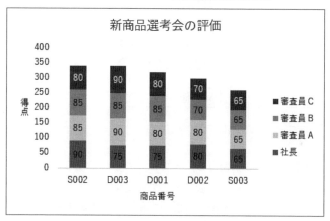

▼処理条件

1．表の形式および体裁は，上の表を参考にして設定する。
　　設定する書式：罫線，列幅
2．表の※印の部分は，式や関数を利用して求める。
3．B列の「種別」は，A列の「商品番号」がDから始まる場合は デザート と表示し，それ以外の場合は サラダ と表示する。
4．G列の「得点計」は，「社長」の評価に「審査員A」・「審査員B」・「審査員C」の平均を加えて求める。ただし，整数未満を四捨五入して表示する。
5．H列の「結果」は，「得点計」が160以上の場合は 商品化 ，130以上の場合は 再チャレンジ ，それ以外は何も表示しない。
6．表の作成後，6〜12行目のデータを，G列の「得点計」を基準として，降順に並べ替える。
7．13行目の「平均」は，6〜12行目の平均を求め，整数部のみ表示する。
8．14行目の「最高」は，6〜12行目の最高値を求める。
9．15行目の「商品数」は，今回の選考会に出品された商品の数を求める。
10．グラフは，表よりグラフ化する範囲を指定し，上記のように作成する。

【11】 次の資料は，ある区立図書館の図書の貸出冊数を示したものである。作成条件にしたがって，右ページの表とグラフを作成しなさい。

[ファイル名：総合1-11]

資料

貸出票 （新町）	
区分	貸出数
一般図書	95,466
児童図書	39,991
雑　誌	13,723
そ の 他	1,782

貸出票 （大宮）	
区分	貸出数
一般図書	106,581
児童図書	24,261
雑　誌	14,918
そ の 他	1,419

貸出票 （西が丘）	
区分	貸出数
一般図書	120,564
児童図書	30,939
雑　誌	19,855
そ の 他	6,039

貸出票 （本町）	
区分	貸出数
一般図書	138,714
児童図書	35,645
雑　誌	13,921
そ の 他	1,881

貸出票 （和泉）	
区分	貸出数
一般図書	94,373
児童図書	34,298
雑　誌	15,906
そ の 他	1,749

▼作成条件

ワークシートは，提供されたものを使用し，すでに入力されている値をそのまま使用しなさい。

1．表およびグラフの体裁は，右ページを参考にして設定する。

　設 定 す る 書 式：罫線の種類，行高，列幅，セル内の配置
　設定する数値の表示形式：3桁ごとのコンマ

2．表の※印の部分は，資料を参照してデータを入力し，※※印の部分は，式や関数を利用して求める。

3．F列の「合計」は，B列～E列の合計を求める。

4．10行目の「合計」は，5～9行目の合計を求める。

5．11行目の「平均」は，5～9行目の平均を求める。ただし，整数で表示する。

6．12行目の「最大」は，5～9行目の最大値を求める。

7．13行目の「最小」は，5～9行目の最小値を求める。

8．14行目の「図書館数」は，A列の「図書館名」の数を求める。

9．G列の「備考」は，各図書館の貸出冊数の合計が，全図書館の平均より大きい場合は ○ ，それ以外の場合は △ を表示する。

10．表の作成後，5～9行目のデータを，F列の「合計」を基準として，降順に並べ替える。

11．積み上げ棒グラフは，区立図書館ごとの各種類の割合が比較できるグラフを作成する。

（1）数値軸（横軸）目盛は，最小値（0％），最大値（100％），および間隔（20％）を設定する。

（2）区分線を表示する。

12．円グラフは，表からグラフ化する範囲を指定して作成する。

	一般図書	児童図書	雑誌	その他	合計	備考
	A	B	C	D	E	F	G
1							
2	区立図書館の貸出冊数一覧表						
3							
4	図書館名	一般図書	児童図書	雑誌	その他	合計	備考
5	新町	95,466	※	13,723	1,782	※※	※※
6	大宮	106,581	24,261	※	1,419	※※	※※
7	西が丘	※	30,939	19,855	6,039	※※	※※
8	※	138,714	35,645	13,921	1,881	※※	※※
9	和泉	94,373	34,298	15,906	※	※※	※※
10	合計	※※	※※	※※	※※	※※	
11	平均	※※	※※	※※	※※	※※	
12	最大	※※	※※	※※	※※	※※	
13	最小	※※	※※	※※	※※	※※	
14	図書館数	※※					

第1章

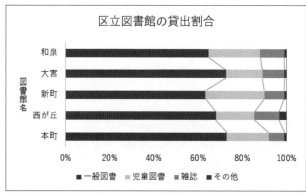

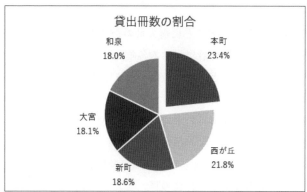

【12】 次の資料は，ある年の夏野菜の年間購入量を世帯主の年齢階級別に示したものである。作成条件にしたがって，右ページの表とグラフを作成しなさい。 [ファイル名：総合1-12]

資料

夏野菜の世帯主の年齢階級別年間購入量

購入量の単位：kg

年齢階級＼野菜名	トマト	なす	きゅうり
29歳以下	4.7	2.7	4.3
30～39歳	7.0	2.4	5.4
40～49歳	8.2	3.1	6.7
50～59歳	10.6	4.6	8.5
60歳以上	14.1	5.8	10.1

▼作成条件

ワークシートは，提供されたものを使用し，すでに入力されている値をそのまま使用しなさい。

1．表およびグラフの体裁は，右ページを参考にして設定する。

設 定 す る 書 式：罫線の種類，行高，列幅，セル内の配置
設定する数値の表示形式：％，小数の表示形式

2．表の※印の部分は，資料を参照してデータを入力し，※※印の部分は，式や関数を利用して求める。

3．E列の「購入量計」は，「年齢階級」ごとに購入量の合計を求める。

4．F列の「割合」は，「購入量計」の合計に対する各年齢階級の「購入量計」の割合を求める。ただし，小数第3位未満を切り捨て，％表示で小数第1位まで表示する。

5．11行目の「合計」は，6行目～10行目の合計を求める。

6．12行目の「平均」は，6行目～10行目の平均を求め，小数第1位まで表示する。

7．13行目の「最高」は，6行目～10行目の最大値を求める。

8．14行目の「順位」は，「合計」を基準として，降順に順位をつける。

9．積み上げ棒グラフは，年齢階級別の各野菜の購入量と平均が比較できるグラフを作成する。

（1）数値軸（横軸）目盛は，最小値（0），最大値（35），および間隔（10）を設定する。

（2）主縦軸目盛線は表示しない。

10．円グラフは，表からグラフ化する範囲を指定して作成する。

	A	B	C	D	E	F
1						
2	夏野菜の世帯主の年齢階級別年間購入量					
3				（単位：kg）		
4	年齢階級	1世帯当たり購入量			購入量計	割合
5		トマト	なす	きゅうり		
6	29歳以下	4.7	2.7	※	※※	※※
7	30〜39歳	※	2.4	5.4	※※	※※
8	※	8.2	3.1	6.7	※※	※※
9	50〜59歳	10.6	※	8.5	※※	※※
10	60歳以上	14.1	5.8	10.1	※※	※※
11	合計	※※	※※	※※	※※	
12	平均	※※	※※	※※	※※	
13	最高	※※	※※	※※	※※	
14	順位	※※	※※	※※		

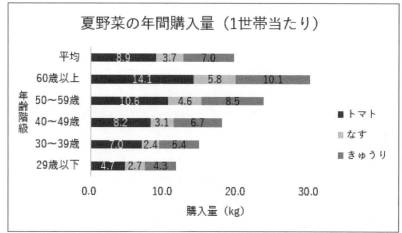

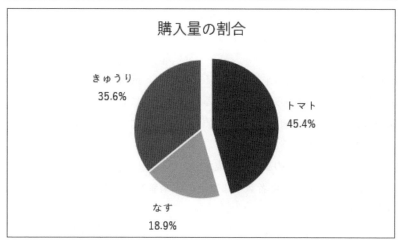

【13】 次の資料は，あるテーマパークの入場料金と入場者数を集計したものである。作成条件にしたがって，右ページの表とグラフを作成しなさい。

[ファイル名：総合 1 -13]

資料1 入場料金：大人2,000円　子供1,000円

資料2

集計表（4月）	
区分	入場者数
大人	661
子供	775

集計表（5月）	
区分	入場者数
大人	940
子供	864

集計表（6月）	
区分	入場者数
大人	667
子供	772

集計表（7月）	
区分	入場者数
大人	1,909
子供	1,637

集計表（8月）	
区分	入場者数
大人	1,802
子供	1,796

集計表（9月）	
区分	入場者数
大人	740
子供	904

▼作成条件

ワークシートは，提供されたものを使用し，すでに入力されている値をそのまま使用しなさい。

1．表およびグラフの体裁は，右ページを参考にして設定する。

> 設　定　す　る　書　式：罫線の種類，行高，列幅，セル内の配置
> 設定する数値の表示形式：3桁ごとのコンマ

2．表の※印の部分は，式や関数を利用して求める。また，※※印の部分は資料2の値を入力する。

3．グラフの※印の部分は，表に入力された値を表示する。

4．「1．入場者数の集計」は，次のように作成する。

　（1）E列の「合計」は，C列の「大人」とD列の「子供」の合計を求める。

　（2）F列の「順位」は，E列の「合計」を基準として降順に順位を求める。

　（3）G列の「状況」は，E列の「合計」が1,800人以上の場合は，混雑，それ以外の場合は，何も表示しない。

　（4）12行目の「平均」は，各列の平均を求める。ただし，整数未満を四捨五入して表示する。

　（5）積み上げ棒グラフは，表からグラフ化する範囲を指定して作成する。

　　①　数値軸の目盛りは，最小値（0），最大値（4,000）および間隔（1,000）を設定する。

　　②　軸ラベルの方向を設定する。

5．「2．入場料金集計表」は，次のように作成する。

　（1）C列の「大人」は，「1．入場者数の集計」の入場者数に資料1の入場料金を乗じて求める。D列の「子供」も同様に求める。

　（2）E列の「合計」は，C列の「大人」とD列の「子供」の合計を求める。

　（3）33行目の「最大」は，各列の最大値を求める。

　（4）34行目の「最小」は，各列の最小値を求める。

　（5）円グラフは，表からグラフ化する範囲を指定して作成する。

6．1ページに収まるように調節する。

菜の花テーマパーク売上集計表

1．入場者数の集計

月	大人	子供	合計	順位	状況
4月	661	775	※	※	※
5月	940	864	※	※	※
6月	667	772	※	※	※
7月	※※	※※	※	※	※
8月	※※	※※	※	※	※
9月	740	904	※	※	※
平均	※	※			

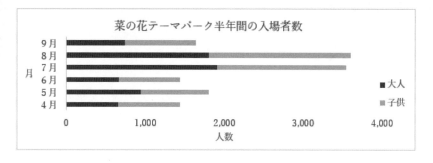

2．入場料金集計表

月	大人	子供	合計
4月	※	※	※
5月	※	※	※
6月	※	※	※
7月	※	※	※
8月	※	※	※
9月	※	※	※
最大	※	※	
最小	※	※	

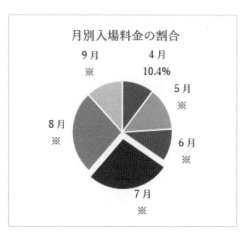

関数一覧

3級の範囲の関数を確認しよう。

	関数式・説明	語源・読み
数学／三角	=SUM(数値1[,数値2,…]) 指定した「数値」の合計を求める。	SUM サム
	=ROUND(数値,桁数) 「数値」（または計算結果）を四捨五入して指定した「桁数」にする。	ROUND ラウンド
	=ROUNDUP(数値,桁数) 「数値」（または計算結果）を切り上げて指定した「桁数」にする。	ROUNDUP ラウンドアップ
	=ROUNDDOWN(数値,桁数) 「数値」（または計算結果）を切り捨てて指定した「桁数」にする。	ROUNDDOWN ラウンドダウン
統計	=AVERAGE(数値1[,数値2,…]) 指定した「数値」の平均を求める。	AVERAGE アベレージ
	=COUNT(値1,[値2,…]) 「値」で示した範囲の中で，数値データが入力されているセルの個数を求める。	COUNT カウント
	=COUNTA(値1[,値2,…]) 「値」で示した範囲の中で，データが入力されているセルの個数を求める。	COUNT A カウントエー
	=MAX(数値1[,数値2,…]) 指定した「数値」の中で最大値を求める。	MAXimum マックス
	=MIN(数値1[,数値2,…]) 指定した「数値」の中で最小値を求める。	MINimum ミン／ミニマム
	=RANK(数値,参照,順序) 「数値」が「参照」（範囲）の中で何番目かを求める。	RANK ランク
論理	=IF(論理式,真の場合,偽の場合) 「論理式」を判定し，論理式の条件が成立した（真）場合は「真の場合」の処理を行い，条件が成立しなかった（偽）場合は「偽の場合」の処理を行う。	IF イフ
文字列操作	=LEFT(文字列,文字数) 「文字列」の左端から「文字数」文字分の文字列を取り出す。	LEFT レフト
	=RIGHT(文字列,文字数) 「文字列」の右端から「文字数」文字分の文字列を取り出す。	RIGHT ライト
	=MID(文字列,開始位置,文字数) 「文字列」の「開始位置」文字目から「文字数」文字分の文字列を取り出す。	MIDdle ミッド
	=VALUE(文字列) 「文字列」として入力されている数字を，数値に変換する。	VALUE バリュー
	=LEN(文字列) 「文字列」の文字数を求める。	LENgth レン／レングス
日時／時刻	=NOW() 現在の日付と時刻のシリアル値を求める。	NOW ナウ
	=TODAY() 現在の日付のシリアル値を求める。	TODAY トゥデイ

第1章

第2章

表計算ソフトウェアに関する知識

 **表の作成**

1. ワークシートの名称と表示

（1）ワークシート

　　表計算ソフトウェアは，縦横の集計表をそのまま画面に表示し，1つ1つのセル（マス目）に直接数値や文字，計算式などを入力し，表やグラフなどを作成するアプリケーションソフトウェアである。表計算を行うための作業をするシートをワークシートという。

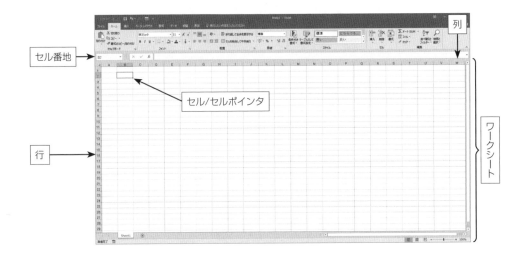

① **セル**

　　セルはワークシート上にある1つ1つのマス目のことで，シート上で入力対象となっているセルを示すカーソルをセルポインタという。太線の枠などで表示されている。

② **行**

　　ワークシートの横方向のセルの集まりで，数字で表す。

③ **列**

　　ワークシートの縦方向のセルの集まりで，アルファベットで表す。

④　行高

　　行の高さのことで，フォントのサイズを大きくすると自動的に高さが広くなる。また，行番号の境目をドラッグして広げることもできる。

⑤　列幅

　　列の幅のことで，データの長さにより，列と列の境目をダブルクリックしたり，ドラッグすることにより列幅を変更することができる。

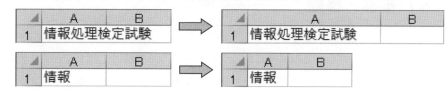

（2）　セルの表示形式

数値の表示は，設定により次のように変更することができる。

	A
1	100.00
2	10,000
3	￥10,000
4	100%

小数第2位まで表示
3桁ごとにコンマ（,）を付けて表示
￥記号と3桁ごとにコンマ（,）を付けて表示
百分率で%を付けて表示

（3）　セル内の配置

①　文字位置

　　通常文字は左詰め，数値は右詰めで表示されるが，設定により左揃え・中央揃え・右揃えに変更することができる。

	A	B	C
1	Excel	Excel	Excel
2	2016	2016	2016

②　文字方向

　　文字は入力すると横方向に表示されるが，設定により縦方向に表示することができる。この場合は，自動的に行高が広くなる。

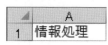

	A
1	情報処理

③ セル結合

複数の行や列の中央にデータを表示させたい場合は，セルを結合し中央揃えに設定する。

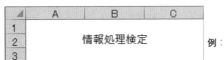

例：A1～C3のセルを結合し，
　　中央揃えにする

（4）複写・移動

① 複写

元の場所にあるデータをそのまま残し，同じデータを別の場所に貼り付けること。元のデータをそのまま貼り付けることもできるが，設定により文字，数値，計算式，罫線など指定したもののみを貼り付けることもできる。

② 移動

元の場所にあるデータを残さずに別の場所にうつすこと。

（5）罫線

セルの周囲や対角に引くことができる線のこと。線の種類には次のようなものがあり，太さを変更することができる。

細線 ———————　　太線 ▬▬▬▬▬　　破線 ·····················

2. 表計算ソフトウェアの計算

（1）比較演算子　＝　＞　＞＝　＜　＜＝　＜＞

数値などの大小の比較を行う際に用いる演算子。

比較演算子	意味	例	
＜	より小さい（未満）	A＜B	AはBより小さい
＜＝	以下	A＜＝B	AはB以下である
＞	より大きい（超える）	A＞B	AはBより大きい
＞＝	以上	A＞＝B	AはB以上である
＝	等しい	A＝B	AとBは等しい
＜＞	等しくない	A＜＞B	AとBは等しくない

（2）算術演算子　＋　－　＊　／　＾

四則演算，べき乗などの計算を実行する演算子。演算の優先順位は，次の表のとおりである。ただし，（ ）のある場合は，（ ）内の計算を最優先する。

算術演算子	意味	計算例	優先順位
＾	べき乗	4 ＾ 3	1位
＊	かけ算	4 ＊ 3	2位
／	わり算	4 ／ 3	2位
＋	たし算	4 ＋ 3	3位
－	ひき算	4 － 3	3位

（3）再計算

入力されているデータを変更すると，そのデータを含む計算式にもとづいて自動的に新しい計算結果を表示すること。

（4）引数

関数が計算などをするときに必要な情報のこと。

（5）相対参照

計算式や関数を移動または複写した場合などに，セル番地が自動的に調整される。

例：A1

（6）絶対参照

固定されたセル番地で，移動または複写しても同じセル番地を示す。

例：$A$1

（7）並べ替え

基準となる項目が小さい順や大きい順となるようにデータを並べ替える。

① キー項目

データの並べ替えや検索などを行う際，基準となる項目。

② 昇順・降順

データの並びがキー項目を基準に，数値や文字コードの小さいものから大きいものへと並んでいる状態を**昇順（正順）**という。反対に大きいものから小さいものへと並んでいる状態を**降順（逆順）**という。昇順は，「1，2，3…」，「A，B，C…」，「あ，い，う…」の順になる。

2 関数の利用

1. 基本的な関数

関数とは，特定の計算を自動的に行うためにあらかじめ定義されている数式のことで，複雑な計算式を入力しなくても範囲指定や値などの引数を設定することによってソフトウェアが自動的に処理を行ってくれる。

次の表を①～⑪の関数を使用し，作成する。

	A	B	C	D	E	F
1	生徒番号	国語	数学	合計	結果	順位
2	20	75	86	①	⑦	⑪
3	21	60	58	118	補習	4
4	22	80	68	148		3
5	23	55	欠席	55	補習	5
6	24	90	74	164		1
7	平均	②	⑧⑨⑩			
8	生徒数	③	5			
9	受験者数	④	4			
10	最高	⑤	86			
11	最低	⑥	58			

① **SUM**

生徒番号20の「国語」と「数学」の合計を求める。

D2：=SUM(B2:C2)

② **AVERAGE**

「国語」の平均値を求める。

B7：=AVERAGE(B2:B6)

③ **COUNTA**

「国語」の生徒数（空白でないセルの個数）を求める。

B8：=COUNTA(B2:B6)

④ **COUNT**

「国語」の受験者数（数値のセルの個数）を求める。

B9：=COUNT(B2:B6)

⑤ **MAX**

「国語」の最大値を求める。

B10：=MAX(B2:B6)

⑥ **MIN**

「国語」の最小値を求める。

B11：=MIN(B2:B6)

⑦ **IF**

生徒番号20の合計が130より小さければ補習と表示する。

E2：=IF(D2<130,"補習","")

⑧ **ROUND**

「数学」の平均を10の位未満で四捨五入する。

C7：=ROUND(AVERAGE(C2:C6),-1)

⑨ **ROUNDUP**

「数学」の平均を小数第1位未満で切り上げる。

C7：=ROUNDUP(AVERAGE(C2:C6),1)

⑩ **ROUNDDOWN**

「数学」の平均を小数第2位未満で切り捨てる。

C7：=ROUNDDOWN(AVERAGE(C2:C6),2)

⑪ **RANK**

「合計」を基準として降順に順位を付ける。

F2：=RANK(D2,$D$2:$D$6,0)

2. 文字列と数値の関数

（1）文字列の抽出

=LEFT(文字列,文字数)

「文字列」の左端から，「文字数」文字を抽出する。

関数式の例　住所から県を抽出する。

C3：=LEFT(A3,3)

◢	A	B	C	D	E
1					
2	住所		県	市	区
3	千葉県千葉市美浜区		千葉県	千葉市	美浜区

=MID(文字列,開始位置,文字数)

「文字列」の左端から数えて，「開始位置」文字目から，「文字数」文字を抽出する。

関数式の例　住所から市を抽出する。

D3：=MID(A3,4,3)

> **=RIGHT(文字列,文字数)**

「文字列」の右端から，「文字数」文字を抽出する。

関数式の例　住所から区を抽出する。

> E3：=RIGHT(A3,3)

（2）文字列を数値に変換

> **=VALUE(文字列)**

「文字列」として入力されている「数字」を数値に変換する。

関数式の例　文字列を数値に変換する。

> B3：=VALUE(A3)

	A	B
1		
2	文字列	数値
3	２３４５	2345

（3）数値を文字列に変換

> **=FIXED(数値,桁数,桁区切り)**

入力されている「数値」を文字列に変換する。

※桁数は，小数点以下の桁数を指定する。省略は２とみなす。

　桁区切りは，０（FALSE，省略）はコンマを付け，０以外（TRUE）は付けない。

関数式の例　数値を小数第２位を四捨五入して，コンマなしの文字列に変換する。

> B3：=FIXED(A3,1,1)

	A	B
1		
2	数値	文字列
3	2,345.67	2345.7

（4）文字列の長さ

> **=LEN(文字列)**

「文字列」の文字数を求める（半角全角の区別なし）。

関数式の例　検定名の文字数を求める。

> C3：=LEN(A3)

	A	B	C
1			
2	検定名		文字数
3	情報処理検定3級		8

3. 日時の関数

=NOW( )

現在の日付と時刻を表示する。

関数式： ＝NOW( )

=TODAY( )

現在の日付を表示する。

関数式： ＝TODAY( )

4. 関数のネスト（入れ子）

関数の中に関数を入れることを**関数のネスト（入れ子）**という。

	A	B
1		
2	風速	表示
3	10	速度落とせ
4	22	通行止め
5	33	通行止め
6	8	走行注意
7	18.2	

例1 風速の平均を求め，小数第1位未満を切り捨てて小数第1位まで表示する。

A7：=ROUNDDOWN(AVERAGE(A3:A6),1)

例2 風速が10未満の場合は走行注意，20未満の場合は速度落とせ，それ以外の場合は通行止めを表示する。

B3：=IF(A3<10,"走行注意",IF(A3<20,"速度落とせ","通行止め"))

練習問題

解答 ➡P.18

練習問題 2-1

次の文に関係の深い語句を答えなさい。

(1) ワークシートの行の高さのこと。

(2) セルの周囲や対角に引くことができる線のこと。

(3) セル内の文字を中央に配置すること。

(4) タイムが速い順にデータが並んでいる状態。

(5) 計算式や関数を入力するときに，最初に入力する記号。

(6) 元のデータをそのまま残し，同じデータを別の場所に書き込むこと。

(7) 演算で，（ ）の次に優先される算術演算子。

(8) 数値の大小の比較を行う際に用いる演算子の総称。

(1)		(2)		(3)		(4)	
(5)		(6)		(7)		(8)	

練習問題 2-2

次の計算を行うときに，使用する関数を解答群から選び，記号で答えなさい。

(1) 指定した範囲の合計を求める。

(2) 指定した範囲の平均を求める。

(3) 指定した範囲の空白でないセルの個数を求める。

(4) 指定した範囲の最大値を求める。

(5) 指定した範囲の最小値を求める。

(6) 条件の判定を行う。

(7) 指定した数値に指定した範囲の中で順位を付ける。

(8) 指定した数値を指定した桁数で切り捨てる。

(9) 指定した数値を指定した桁数で切り上げる。

(10) 指定した数値を指定した桁数で四捨五入する。

```
─ 解答群 ─
ア．ROUNDDOWN    イ．ROUNDUP    ウ．ROUND    エ．MIN      オ．IF
カ．COUNTA       キ．MAX        ク．SUM       ケ．AVERAGE  コ．RANK
サ．COUNT
```

(1)		(2)		(3)		(4)		(5)	
(6)		(7)		(8)		(9)		(10)	

練習問題 2-3

次の文にあてはまる式を解答群から選び，記号で答えなさい。

(1) A1に入力されている数値を文字列に変換する。

(2) A1に入力されている文字列を数値に変換する。

(3) A1に入力されている文字列の文字数を求める。

(4) A1に入力されている文字列の左から3文字を抽出する。

(5) A1に入力されている文字列の左から3文字目から3文字を抽出する。

(6) A1に入力されている文字列の右から3文字を抽出する。

```
─ 解答群 ─
ア．=FIXED(A1)      イ．=LEFT(A1,3)      ウ．=LEN(A1)
エ．=MID(A1,3,3)    オ．=RIGHT(A1,3)     カ．=VALUE(A1)
```

(1)		(2)		(3)		(4)		(5)		(6)	

練習問題 2-4

次の式で表示される数値や文字を答えなさい。

(1) =RIGHT("ROYALMILKTEA",3)

(2) =LEFT("ROYALMILKTEA",5)

(3) =MID("ROYALMILKTEA",6,4)

(4) =LEN("ROYALMILKTEA")

(1)		(2)		(3)		(4)	

第2章

練習問題 2-5

次の処理条件にしたがって計算式を答えなさい。

	A	B	C	D	E	F	G
1							
2			営業成績一覧表				
3							
4	社員ID	品目1	品目2	品目3	合計	判定	順位
5	S001	30,500	33,250	36,500	100,250		1
6	S002	26,000	15,250	47,000	88,250		3
7	S003	37,000	25,000	24,500	86,500		4
8	S004	15,000	18,750	12,500	46,250	努力	5
9	S005	38,750	22,000	30,000	90,750		2
10	平均	29,500	22,900	30,100			
11	最高	38,750	33,250	47,000			
12	最低	15,000	15,250	12,500			

▼**処理条件**

(1) E列の「合計」は，B列～D列の合計を求める。

(2) F列の「判定」は，E列の「合計」が50,000以下の場合は 努力 と表示し，それ以外の場合は何も表示しない。

(3) G列の「順位」は，E列の「合計」を基準として降順に順位を付ける。ただし，その式をG6～G9までコピーする。

(4) 10行目の「平均」は，5行目～9行目の平均を求める。ただし，100未満を切り上げて表示する。

(5) 11行目の「最高」は，5行目～9行目の最大値を求める。

(6) 12行目の「最低」は，5行目～9行目の最小値を求める。

(1)	E4	
(2)	F4	
(3)	G4	
(4)	B10	
(5)	B11	
(6)	B12	

3 グラフの作成

1. グラフの種類

表にグラフをそえることにより，視覚的に情報を伝えることができる。グラフ作成で重要なポイントはどのようなことを表したいかによって，適切なグラフの種類を選ぶことである。

次の表から下の（1）〜（4）の6種類のグラフを作成する。

	A	B	C	D	E	F	G
1							
2		カルチャースクールの受講者数					
3							
4	講座名	第1回	第2回	第3回	第4回	第5回	合計
5	陶芸	35	58	45	33	55	226
6	手品	20	20	28	40	21	129
7	アカペラ	15	18	32	48	58	171
8	オペラ	8	10	20	15	10	63
9	パン作り	22	30	38	50	50	190
10	合計	100	136	163	186	194	779

（1）棒グラフ

① 集合棒グラフ

棒グラフの中で最も基本的なグラフ。それぞれのデータの大小を比較するのに適する。

・第4回と第5回の講座別の受講者数を比較したい。

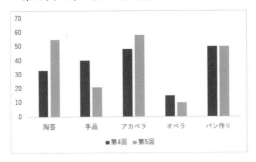

＜その他の形式＞

② 積み上げ棒グラフ

棒グラフの1つで，全体を構成するデータの内訳を表現するのに適する。

・講座別受講者数の内訳と合計の変化を表したい。

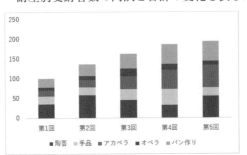

＜その他の形式＞

③　**100％積み上げ棒グラフ**

棒グラフの1つで，全体に占める割合の移り変わりを表現するのに適する。

・講座別の受講者数の割合の変化を表したい。

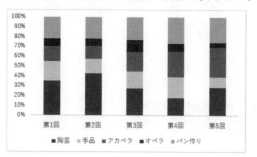

＜その他の形式＞

（2）折れ線グラフ

時間の経過によるデータの変化を表現するのに適する。

・講座別の受講者数の変化を表したい。

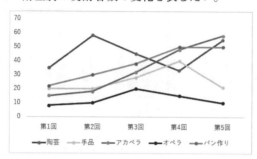

＜その他の形式＞

（3）円（切り離し円）グラフ

データの割合を表現するのに適する。一部を切り離して目立たせることができる。

・受講者数の講座別の割合を表したい。

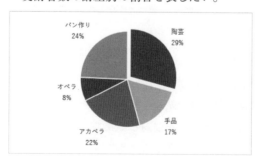

＜その他の形式＞

（4）レーダーチャート

データのバランスを表現するのに適する。

・第1回と第5回の講座別の受講者数のバランスを比較したい。

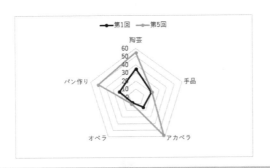

＜その他の形式＞

2. グラフの主な構成要素

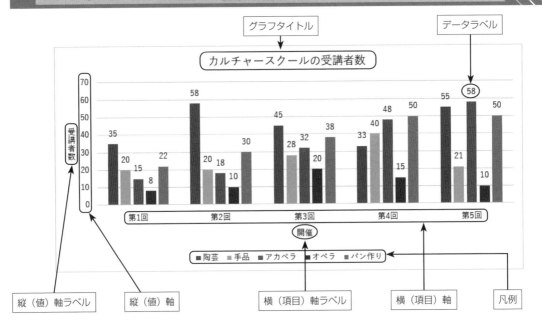

練習問題   解答 ➡P.18

練習問題 3-1

次の文に関係の深い語句を答えなさい。

(1) 棒の長さで各項目の値の大小を比較するグラフ。

(2) 同じ中心点から伸びる軸上にある目盛りを結んでバランスを表すグラフ。

(3) 円グラフの一部分を分離して特定のデータを強調して表すグラフ。

(4) 各項目を積み重ねて各項目の値と合計を比較するグラフ。

(5) 時間の経過による値の変化を表すグラフ。

(6) 1つの棒を100%として，各項目の構成比率を比較するグラフ。

(1)		(2)		(3)	
(4)		(5)		(6)	

練習問題 3-2

次の表において，社員の営業成績の割合がわかるグラフの種類は何か。ただし，最高の営業成績を強調して表すこと。

	A	B	C	D	E	F	G
1							
2			営業成績一覧表				
3							
4	社員ID	品目1	品目2	品目3	合計	判定	順位
5	S001	30,500	33,250	36,500	100,250		1
6	S002	26,000	15,250	47,000	88,250		3
7	S003	37,000	25,000	24,500	86,500		4
8	S004	15,000	18,750	12,500	46,250	努力	5
9	S005	38,750	22,000	30,000	90,750		2
10	平均	29,500	22,900	30,100			
11	最高	38,750	33,250	47,000			
12	最低	15,000	15,250	12,500			

第2章

練習問題 3-3

次のような表がある。各設問の目的に適しているグラフの名前を解答群の中から選び，記号で答えなさい。

(1) 各年度の水力・火力・原子力の構成比率の変化を見たい。

(2) 各年度の水力・火力・原子力の内訳と合計を見たい。

発電所の最大出力			
		（単位：1,000kW）	
年度	水力	火力	原子力
1990	37,831	124,984	31,645
1995	43,455	141,665	41,356
2000	46,324	166,648	45,248
2005	47,357	175,767	49,580

―― 解答群 ――
ア．レーダーチャート　　　イ．折れ線グラフ
ウ．積み上げ棒グラフ
エ．100％積み上げ棒グラフ　オ．円グラフ

(1)		(2)	

練習問題 3-4

次の表をもとに目的にあったグラフを作成したい。ア，イ，ウからあてはまるものを選び，記号で答えなさい。

(1) 季節ごとの合計の割合を表したい。

　　ア．棒グラフ
　　イ．円グラフ
　　ウ．折れ線グラフ

	A	B	C	D	E	F
1						
2		季節別水道光熱費の内訳				
3						
4		春	夏	秋	冬	合 計
5	水　道	¥16,500	¥18,000	¥17,500	¥15,500	¥67,500
6	ガ　ス	¥42,500	¥21,000	¥24,500	¥45,500	¥133,500
7	電　気	¥45,000	¥36,500	¥35,000	¥46,500	¥163,000
8	合　計	¥104,000	¥75,500	¥77,000	¥107,500	¥364,000

(2) 季節ごとの各水道光熱費の内訳と合計を表したい。

　　ア．折れ線グラフ　　　イ．レーダーチャート　　　ウ．積み上げ棒グラフ

(3) (1)のグラフを作成するには，範囲をどこに設定したらよいか。

　　ア．A4:E7　　　　イ．B4:E4とB8:E8　　　ウ．A5:A7とF5:F7

(1)		(2)		(3)	

章末総合問題

【1】 表計算ソフトなどの操作に関する各問いの答えをア，イ，ウの中から選び，記号で答えなさい。

問1．図1のように，B2に「２００３」と全角数字で入力したい。「２００３」と全角入力し，確定した場合，自動的に半角数値に変換されてしまう。そこで先頭にどの文字を入力すると，そのまま全角数字として表示できるかを答えなさい。

	A	B	C
1			
2		２００３	
3			
4			

図1

ア．＆（アンパサンド）
イ．＄（ドル）
ウ．'（アポストロフィ）

問2．図2のように，B2に「1001」と入力したあと，連続した値として「1002」から「1007」まで複写（コピー）したい。どのキーを押しながらドラッグして複写（コピー）をするかを答えなさい。

	A	B	C
1			
2		1001	
3			
4			
5			
6			
7			
8			
9		1007	
10			

図2

ア．Shiftキー
イ．Ctrlキー
ウ．Altキー

問3．次の表のB列とC列の間に空白列を2列挿入したい。挿入命令を実行する前に列を選択する状態で正しいものを答えなさい。

ア.

イ.

ウ.

問4．図3のような表がある。このデータを記録の良い順に並べ替えたい。並べ替えに際し，指定するものを答えなさい。

	A	B	C
1			
2		男子50m走の記録	
3			
4		番号	記録
5		1	6.5
6		4	6.8
7		5	6.2
8		8	7.0
9		12	6.1
10		18	7.3
11		20	6.8

図3

ア．降順
イ．逆順
ウ．昇順

問1	問2	問3	問4

【2】 表計算ソフトなどの操作に関する各問いの答えをア，イ，ウの中から選び，記号で答えなさい。

問1．次のように範囲指定するには，マウスでどのような操作をするかを答えなさい。

ア．クリック
イ．右クリック
ウ．ドラッグ

問2．次のように範囲指定するには，どのキーを押しながらマウスで操作するかを答えなさい。

ア．[Ctrl]キー
イ．[Shift]キー
ウ．[Alt]キー

問3．次のように罫線を引く手順を答えなさい。

ア．B2～D5を格子で太線を引き，格子で細線を引く。
イ．B2～D5を格子で細線を引き，外枠で太線を引く。
ウ．B2～D5を外枠で太線を引き，格子で細線を引く。

問4．B2の右下にマウスポインタを合わせて，右にドラッグしたときにC2に表示される文字を答えなさい。

ア．日
イ．月
ウ．火

問5．A1～E5には次のように数値が入力されている。G2に「=B2+C3」と入力し，セルH4にコピーしたときに表示される数値を答えなさい。

	A	B	C	D	E	F	G	H
1	11	12	13	14	15			
2	21	22	23	24	25		55	
3	31	32	33	34	35			
4	41	42	43	44	45			
5	51	52	53	54	55			

ア．55　　　　イ．77　　　　ウ．97

問1		問2		問3		問4		問5	

【3】 次の表は，あるホテルの利用状況をまとめたものである。処理条件にしたがって，各問いの答えを解答群から選び，記号で答えなさい。

	A	B	C	D	E	F	G	H
1								
2		ホテルの利用状況						
3								
4	種別	料金	部屋数	利用数	収入	稼働率	割合	備考
5	シングル	9,000	50	38	342,000	76.0%	30%	○
6	ツイン	16,000	30	29	464,000	96.7%	41%	○
7	ダブル	15,000	20	5	75,000	25.0%	6%	
8	スウィート	35,000	10	7	245,000	70.0%	21%	△
9	合計		110	79	1,126,000			

▼処理条件

1．E列の「収入」は，次の式で求める。

　「料金 × 利用数」

2．F列の「稼働率」は，次の式で求め，小数第3位未満を四捨五入し，％表示で小数第1位まで表示する。

　「利用数 ÷ 部屋数」

3．G列の「割合」は，次の式で求め，小数第2位未満を切り捨て，％表示で整数部のみ表示する。

　「種別の収入 ÷ 収入の合計」

4．H列の「備考」は，「稼働率」が75％以上の場合は ○ を表示し，50％以上の場合は △ を表示し，それ以外は何も表示しない。

5．9行目の「合計」は，5～8行目の合計を求める。

問1．E5に設定する式を答えなさい。

問2．F5に設定する式を答えなさい。

問3．G5に設定する式を答えなさい。ただし，この式をG6～G8にコピーするものとする。

問4．H5に設定する式を答えなさい。

問5．C9に設定する式を答えなさい。

解答群

ア．= ROUNDDOWN(D5/C5,3)　　　　イ．= ROUND(D5/C5,3)
ウ．= ROUNDDOWN(E5/$E$9,2)　　　 エ．= ROUNDDOWN(E5/E9,2)
オ．= B5 * D5　　　　　　　　　　　 カ．= B5 * C5
キ．= SUM(C9 : E 9)　　　　　　　　 ク．= SUM(C5:C8)
ケ．= IF(F5>=75%,"○",IF(F5>=50%,"△",""))　　コ．= IF(F5>=75%,"○","△","")

問1		問2		問3		問4		問5	

【4】 次の表は，ある店のバーゲン商品の販売計画表である。処理条件にしたがって，各問いの答えを解答群から選び，記号で答えなさい。

	A	B	C	D	E	F
1						
2		バーゲン商品の販売計画表				
3						
4	商品コード	種別	サイズ	通常価格	値引き率	販売価格
5	S11	S	11	12,000	5%	11,400
6	C09	C	9	46,000	20%	36,800
7	S09	S	9	12,000	5%	11,400
8	J07	J	7	33,500	10%	30,200
9	J13	J	13	35,000	10%	31,500
10	S13	S	13	12,500	5%	11,900
11	商品数	6				

▼処理条件

1．B列の「種別」は，「商品コード」の左端から1文字を抽出して表示する。

2．C列の「サイズ」は，「商品コード」の右端から2文字を抽出し，数値に変換して表示する。

3．E列の「値引き率」は，B列の「種別」がSの場合は5％，Jの場合は10％，それ以外は20％と表示する。

4．F列の「販売価格」は，次の式で求める。ただし，100円未満を四捨五入して表示する。

「通常価格 × （1 － 値引き率)」

5．B11の「商品数」は，商品コードの数を求める。

問1．B5に設定する式を答えなさい。

問2．C5に設定する式を答えなさい。

問3．E5に設定する式を答えなさい。

問4．F5に設定する式を答えなさい。

問5．B11に設定する式を答えなさい。

──解答群──

ア．＝MID(A5,1,2)
イ．＝LEFT(A5,1)
ウ．＝RIGHT(A5,2)
エ．＝VALUE(RIGHT(A5,2))
オ．＝ROUNDUP(D5＊(1-E5),2)
カ．＝ROUND(D5＊(1-E5),2)
キ．＝IF(B5="S"," 5 %",IF(B5="J","10%","20%"))
ク．＝IF(B5="S",5%,IF(B5="J",10%,20%))
ケ．＝COUNT(A5:A10)
コ．＝COUNTA(A5:A10)
サ．＝ROUND(D5＊(1-E5),-2)
シ．＝SUM(A5:A10)

問1	問2	問3	問4	問5

【5】 A君は駅伝競技大会の成績を表計算ソフトを使用して集計することになった。駅伝競技大会記録の資料と顧問の先生の指示にしたがって各問いに答えなさい。

資料

駅伝競技大会記録（通過タイム）

第1区
参加校	分	秒	順位
C商業	9	3	1
D高校	11	21	2
F実業	13	18	3
A高校	14	20	4

第2区
参加校	分	秒	順位
D高校	23	59	1
A高校	27	40	2
F実業	28	3	3
C商業	32	13	4

第3区
参加校	分	秒	順位
D高校	37	2	1
A高校	40	29	2
F実業	41	38	3
C商業	45	37	4

顧問の先生の指示

1．各学校の区間記録を計算し，区間賞がどの学校かわかるようにしてほしい。なお，秒に換算して表示する。
2．区間記録の計算は，第1区は第1区の通過タイム，第2区以降は**「該当区間の通過タイム － 1つ前の区間の通過タイム」**で計算する。
3．各学校の区間ごとの順位が一目でわかるようなグラフを作ってほしい。

問1．A君が作成した表の①から⑤に表示されるデータを解答群から選び，記号で答えなさい。

	A	B	C	D	E	F	G	H	I	J
1										
2				通過タイム						
3		第1区		第2区		第3区				
4	参加校	分	秒	分	秒	分	秒			
5	A高校	14	20	27	40	40	29			
6	C商業	①	3	32	13	45	37			
7	D高校	11	21	23	59	37	2			
8	F実業	13	18	28	3	41	②			
9										
10		換算タイム(秒)			区間記録(秒)					
11	参加校	第1区	第2区	第3区	第1区		第2区		第3区	
12	A高校	860	1,660	2,429	860		800		④	*
13	C商業	543	1,933	2,737	543	*	1,390		804	
14	D高校	681	1,439	2,222	③		758	*	783	
15	F実業	798	1,683	2,498	798		885		815	⑤
16			最高記録		543		758		769	

解答群

ア．*	イ．空欄	ウ．769	エ．681	オ．804
カ．758	キ．9	ク．41	ケ．38	コ．10

問1	①	②	③	④	⑤

問2．G16に入力されている式を**ア，イ，ウ**の中から選び，記号で答えなさい。

ア．＝AVERAGE(G12:G15) **イ**．＝MAX(G12:G15) **ウ**．＝MIN(G12:G15)

問3．F12〜F15，H12〜H15，J12〜J15のセルは各区間の区間賞を取った学校に半角文字の「*」
をつけている。F12に入力されている式を**ア，イ，ウ**の中から選び，記号で答えなさい。

ア．＝IF(E12＝$E$16,"*","") **イ**．＝IF(E12＝$E$16,"","*") **ウ**．＝IF(E12＝B12,"*","")

問4．B12に入力される式を**ア，イ，ウ**の中から選び，記号で答えなさい。

ア．＝B5+C5 **イ**．＝B5*60+C5 **ウ**．＝B5+C5*60

問5．先生の指示にしたがい，以下のようなグラフを作成した。このグラフの作成時の範囲指定と
して適切なものを**ア，イ，ウ**の中から選び，記号で答えなさい。

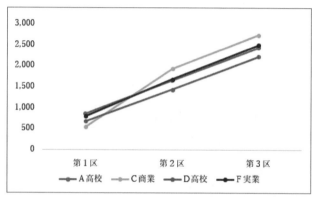

ア．A11〜D15

イ．A4〜G8

ウ．E12〜E15，G12〜G15，I12〜I15

問6．グラフから読み取れる駅伝競技大会の結果として**正しくないもの**を**ア，イ，ウ**の中から選
び，記号で答えなさい。

ア．D高校は第2区からは圧倒的な強さで優勝した。

イ．A高校とF実業は全区間において抜きつ抜かれつのデッドヒートを演じた。

ウ．C商業は第1区では最下位であったが，第2区以降は1位であった。

問2		問3		問4		問5		問6	

【6】 課題研究の授業で貿易について調査しているA子さんは，日本の主要港別輸出入額の資料を収集し，表計算ソフトを利用してまとめた。A子さんが収集した「資料」と「まとめの方針」にしたがって各問いに答えなさい。

資料

主要港別輸出入額(単位：億円)

港名	東京
輸出額	4,492
輸入額	4,439

港名	千葉
輸出額	817
輸入額	1,886

港名	関西
輸出額	3,424
輸入額	1,944

港名	神戸
輸出額	4,109
輸入額	2,023

港名	名古屋
輸出額	6,432
輸入額	2,487

港名	成田
輸出額	9,833
輸入額	9,412

港名	大阪
輸出額	1,600
輸入額	2,428

港名	横浜
輸出額	6,109
輸入額	2,853

まとめの方針

1. 調査した港のうち，輸出入額の合計が多いほうから6つの港だけまとめる。
2. 港別の合計，輸出額および輸入額の合計を表示する。
3. 合計に対する輸出入額計の割合を，小数第3位未満で四捨五入し，%の小数第1位まで表示する。
4. 輸出入額計が最大の港をわかりやすく表示する。
5. 各港の輸出入額の大小比較がわかりやすいようにグラフにする。

問1. A子さんが作成した表の①から⑤に表示されるデータを解答群から選び，記号で答えなさい。

	A	B	C	D	E	F
1						
2			主要港別輸出入額			
3						単位：億円
4	港　名	輸出額	輸入額	輸出入額計	割合	備考
5	東　京	4,492	4,439	8,931	⑤	
6	成　田	9,833	9,412	④	33.4%	☆
7	横　浜	6,109	③	8,962	15.6%	
8	名古屋	②	2,487	8,919	15.5%	
9	①	3,424	1,944	5,368	9.3%	
10	神　戸	4,109	2,023	6,132	10.7%	
11	合　計	34,399	23,158	57,557	100.0%	

解答群

ア. 1,600　　イ. 1,886　　ウ. 15.5%　　エ. 19,245　　オ. 19.2%

カ. 2,853　　キ. 4,028　　ク. 6,432　　ケ. 関　西　　コ. 大　阪

問1	①		②		③		④		⑤	

問2．B11に入力されている式を**ア，イ，ウ**の中から選び，記号で答えなさい。

ア． ＝AVERAGE(B5:B10)　　　**イ．** ＝COUNT(B5:B10)　　　**ウ．** ＝SUM(B5:B10)

問3．E5に入力されている式を**ア，イ，ウ**の中から選び，記号で答えなさい。ただし，E5の式をE6～E10にコピーしている。

ア． ＝ROUND(D5/$D$11,3)　**イ．** ＝ROUND($D$5/D11,3)　**ウ．** ＝ROUND($D$5/$D$11,3)

問4．まとめの方針4に対して，A子さんは輸出入額計が最大の港の備考に☆印を表示することにした。F5に入力されている関数を用いた式のうち，最も適切なものを**ア，イ，ウ**の中から選び，記号で答えなさい。ただし，F5に入力した式をF6～F10に複写している。

ア． ＝IF(A5 ="成　田","☆","")

イ． ＝IF(D5 =MAX($D$5:$D$10),"☆","")

ウ． ＝IF(D5>=10000,"☆","")

問5．まとめの方針5に対して，A子さんが作成したグラフとして最も適切なものを**ア，イ，ウ**の中から選び，記号で答えなさい。

ア．

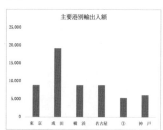

イ．

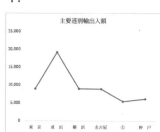

ウ．

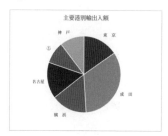

問6．主要港別輸出入額の資料をまとめた表やグラフから読み取れることとして**正しくないもの**を**ア，イ，ウ**の中から選び，記号で答えなさい。

ア． すべての港で，輸入額より輸出額のほうが多い。

イ． 各港の輸出入額は，年々減少している。

ウ． 関西地方の港より関東地方の港のほうが，輸出入額が多い。

問2		問3		問4		問5		問6	

章末検定問題

【1】 次の各問いに答えなさい。

[第64回出題]

問1. 次の表は，ある学校の在籍数表である。表を見やすくするために
A4〜A6，A7〜A9，A10〜A12のセルを一つにまとめている。この
機能の名称として適切なものを選び，記号で答えなさい。

ア．文字方向の変更
イ．行の挿入
ウ．セル結合

	A	B	C	D	E
1					
2	在籍数表				
3	学年	組	男子	女子	合計
4		1	10	24	34
5	1	2	10	24	34
6		3	10	24	34
7		1	10	24	34
8	2	2	9	24	33
9		3	10	24	34
10		1	10	24	34
11	3	2	10	24	34
12		3	9	24	33

問2. 次の表は，ある国の小麦の主要費目構成割合（10aあたり）であ
る。「割合」を小数第1位まで表示したい。小数点以下の表示桁数
を増やすボタンとして適切なものを選び，記号で答えなさい。

	A	B	C
1			
2	小麦の主要費目構成割合(10aあたり)		
3	費目	金額	割合
4	賃借料及び料金	16,078	28%
5	肥料費	9,858	17%
6	農機具費	9,521	16%
7	労働費	6,332	11%
8	農業薬剤費	5,354	9%
9	その他	11,305	19%
10	合計	58,448	100%

ア． ⎡←.0⎤
    ⎣.00⎦

イ． ⎡.00⎤
    ⎣→.0⎦

ウ． ▤

問3. 次の表は，ある学校の周年記念一覧表である。A4に1991，A5に1996と入力
したのち，A4〜A5を選択する。選択したA4〜A5のある部分にマウスポインタ
を合わせ，A11までドラッグすると表のようにデータを入力することができる。
マウスポインタを合わせる部分が，点線で表してある。マウスポインタを合わ
せる位置として適切なものを選び，記号で答えなさい。

	A	B
1		
2	周年記念一覧表	
3	年	周年記念
4	1991	創立
5	1996	5周年
6	2001	10周年
7	2006	15周年
8	2011	20周年
9	2016	25周年
10	2021	30周年
11	2026	35周年

ア. | 1991 |
    | 1996 |●

イ. | 1991 |
    | 1996 |○

ウ. | 1991 |⋮
    | 1996 |

問4. 次の表は，ある市の降雪の深さ一覧表である。表はある項目を
基準として降順に並べ替えてある。基準とした項目名として適切
なものを選び，記号で答えなさい。

ア． 1日の最大
イ． 月合計
ウ． 最深積雪

	A	B	C	D
1				
2	降雪の深さ一覧表			単位：cm
3	月	月合計	1日の最大	最深積雪
4	1	173	27	77
5	2	147	26	97
6	12	132	29	46
7	3	98	18	81
8	11	32	12	12
9	4	11	5	22
10	10	2	1	1

問5. 次の表は，ある洋服屋の納品一覧表である。「製品コー
ド」の左端から6桁目より2文字は，「色」を表してい
る。「色」を抽出するために，E4に設定する式として適
切なものを選び，記号で答えなさい。

ア． =MID(A4,6,2)
イ． =MID(A4,2,6)
ウ． =LEFT(A4,6)

	A	B	C	D	E	F
1						
2	納品一覧表					
3	製品コード	性別	シーズン	アイテム	色	サイズ
4	WFWO1WH1	W	FW	1	WH	1
5	MFWO3BK3	M	FW	3	BK	3
6	WAL05NV2	W	AL	5	NV	2
7	UFWO1BL2	U	FW	1	BL	2
8	MAL02WH3	M	AL	2	WH	3

問1	問2	問3	問4	問5

第2章

問6．次の表のD5は，次の式が設定されている。D5に表示される値を答えなさい。ただし，小数第1位まで表示する。なお，円周率は 3.14 とする。

=A5^2*B5*C5

	A	B	C	D
1				
2	円柱の体積			
3	半径(cm)	円周率	高さ(cm)	体積(㎤)
4	2	3.14	10	125.6
5	3	3.14	10	※

(注) ※印は，値の表記を省略している。

問7．次の表は，ある市場の原油相場終値表である。「上げ下げ」は，当該日の「終値」が前日の「終値」より高い場合，△を，当該日の「終値」が前日の「終値」未満の場合，▼を，それ以外の場合は何も表示しない。C5に設定する式として適切なものを選び，記号で答えなさい。

	A	B	C	D	E	F
1						
2	原油相場終値表					単位：円
3	日付	1/25	1/26	1/27	1/28	1/29
4	終値	30,500	30,520	30,520	30,510	30,530
5	上げ下げ	－	△		▼	△

ア．=IF(C4>B4,"▼",IF(C4<B4,"△",""))
イ．=IF(C4<B4,"△",IF(C4>B4,"▼",""))
ウ．=IF(C4>B4,"△",IF(C4<B4,"▼",""))

問8．次の表は，ある味噌店の価格表である。「会員割引」は，「価格」に0.05を掛けて求める。C4に設定する式として適切なものを選び，記号で答えなさい。ただし，100円未満を切り上げて表示する。

	A	B	C	D
1				
2	価格表			単位：円
3	重量	価格	会員割引	会員価格
4	500g	1,500	100	1,400
5	1kg	3,000	200	2,800
6	3kg	8,700	500	8,200
7	5kg	14,000	700	13,300
8	10kg	27,000	1,400	25,600

ア．=ROUNDUP(B4*0.05,-2)
イ．=ROUNDUP(B4*0.05,2)
ウ．=ROUNDUP(B4*0.05,100)

問9．次の表とグラフは，ある国の地域別の貿易金額を集計したものである。次の(1)，(2)に答えなさい。

(1) 作成されたグラフのデータの範囲として適切なものを選び，記号で答えなさい。

ア．A3:D8
イ．A3:C8
ウ．A3:C9

	A	B	C	D
1				
2	地域別貿易金額一覧表			単位：億円
3	地域名	輸出額	輸入額	貿易収支
4	アフリカ	8,137	16,760	-8,623
5	中東	23,488	101,173	-77,685
6	EU	92,694	96,917	-4,223
7	北米	156,287	91,038	65,249
8	アジア	440,128	390,210	49,918
9	合計	720,734	696,098	24,636

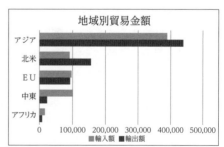

(2) グラフから読み取った内容として正しいものを選び，記号で答えなさい。

ア．中東は，輸入額より輸出額の方が大きい。
イ．アフリカの輸入額は，全ての地域の中で最も大きい。
ウ．アジアの輸出額は，北米の輸出額より大きい。

問6	問7	問8	問9(1)	問9(2)

【2】 次の各問いに答えなさい。

問1．次の表は，部門別売上高集計表である。C4は，次の式を設定
している。この式をC7までコピーした際，B8のセル参照が変化
しないよう$B$8のように設定している。数式内の$B$8のセル参
照の名称として適切なものを選び，記号で答えなさい。

=B4*100/$B$8

	A	B	C
1			
2	部門別売上高集計表		
3	部門	9月	構成比(%)
4	生鮮食品	8,489	32.16
5	一般食品	13,152	49.82
6	生活用品	3,497	13.25
7	衣料品・その他	1,259	4.77
8	合計	26,397	

ア．絶対参照 　　　　　　　　 イ．相対参照 　　　　　　　　 ウ．再計算

問2．次の表は，ある文房具店が作成する見積書であ
る。A7〜E7に項目名を入力したのち，項目の表示
を中央揃えにする。A7〜E7を選択し，指定するボ
タンとして適切なものを選び，記号で答えなさい。

	A	B	C	D	E
1					
2	御見積書				No. 44
3				発行日　2020年9月27日	
4	A高校　　御中			東京都新宿区大京町26	
5				株式会社　○○文具店	
6					
7	商品コード	摘要	数量	単価	金額
8	AR05	水性ボールペン	15	100	1,500
9	LM02	ラインマーカー	5	110	550
10					0
11					0
12				合計	2,050

ア． 🖺 　　　　　　 イ． 🖺 　　　　　　 ウ． 🖺

問3．次の表は，レンタルDVD返却日確認表である。B3は，本日の
日付を求める。B3に設定する式として適切なものを選び，記号
で答えなさい。なお，本日は2020年9月27日である。

	A	B
1		
2	レンタルDVD返却日確認表	
3	本日の日付	2020/9/27
4	レンタル泊数	7
5	返却日	2020/10/4

ア．=TODAY()+B4
イ．=TODAY()-7
ウ．=TODAY()

問4．次の表は，ゴールキーパー成績表である。4行目
から8行目の範囲を指定し，「セーブ率」を基準と
して降順に並べ替えた。並べ替え後，A4に表示さ
れる値として適切なものを選び，記号で答えなさ
い。

	A	B	C	D
1				
2	ゴールキーパー成績表			
3	選手名	被シュート数	セーブ数	セーブ率
4	伊藤　○○	105	87	0.83
5	梶原　○○	118	82	0.69
6	武田　○○	90	70	0.78
7	山本　○○	78	72	0.92
8	和田　○○	93	83	0.89

ア．梶原　○○ 　　　　　　 イ．伊藤　○○ 　　　　　　 ウ．山本　○○

問5．次の表は，コード検査表である。「読取コード」
の右端から1文字は，「検査数字」を表している。
「検査数字」を抽出するために，C4に設定する式と
して適切なものを選び，記号で答えなさい。

	A	B	C	D
1				
2	コード検査表			
3	読取コード	算出コード	検査数字	検査結果
4	5173	3	3	OK
5	6573	6	3	エラー
6	1212	2	2	OK
7	3629	9	9	OK
8	4152	2	2	OK

ア．=VALUE(RIGHT(A4,1))
イ．=VALUE(LEFT(A4,1))
ウ．=VALUE(MID(A4,2,1))

問1	問2	問3	問4	問5

問6．次の表のD4は，次の式が設定されている。D4に
表示される値を答えなさい。

=(A4*B4+A4*C4+B4*C4)*2

	A	B	C	D
1				
2	直方体の表面積			
3	縦の長さ	横の長さ	高さ	表面積
4	3	6	5	※

(注)　※印は，値の表記を省略している。

問7．次の表は，会員に年末発券するクーポン券の枚数
計算表である。D4は，次の式が設定されている。
D8に表示される値として適切なものを選び，記号
で答えなさい。ただし，D4の式をD8までコピーし
てある。

=IF(C4>150000,2,IF(C4>100000,1,0))

	A	B	C	D
1				
2	クーポン発券枚数計算表			
3	会員番号	会員名	購入金額累計	クーポン発券枚数
4	1	佐藤　□□	5,390	0
5	2	渡辺　□□	192,920	2
6	3	中村　□□	116,078	1
7	4	加藤　□□	47,278	0
8	5	小林　□□	83,640	※

(注)　※印は，値の表記を省略している。

ア．0　　　　イ．1　　　　ウ．2

問8．次の表は，鉄鋼製品の在庫日数計算表である。
「在庫日数」は，B3を「在庫回転率」で割って求め
る。G6に設定する式として適切なものを選び，記
号で答えなさい。ただし，小数第1位未満を四捨五
入し，小数第1位まで表示する。

	A	B	C	D	E	F	G
1							
2	鉄鋼製品の在庫日数計算表						
3	調査日数：	31日					
4	商品番号	出庫数	在庫数			在庫回転率	在庫日数
5		月間	月初	月末	平均		
6	C01	200	100	120	110	1.8	17.2

ア．=ROUNDUP(B3/F6,1)
イ．=ROUND(B3/F6,1)
ウ．=ROUNDDOWN(B3/F6,1)

問9．次の表とグラフは，ある国のいわし類の漁獲量を
集計したものである。次の(1)，(2)に答えなさい。

(1)　作成されたグラフのデータの範囲として適切な
ものを選び，記号で答えなさい。

ア．A3:D7
イ．A3:E7
ウ．A3:E6

	A	B	C	D	E
1					
2	いわし類漁獲量				単位：t
3	いわし類	2016年	2017年	2018年	2019年
4	まいわし	195,726	311,054	378,142	488,898
5	かたくちいわし	248,069	168,745	171,173	145,715
6	うるめいわし	74,851	97,794	97,871	71,971
7	合計	518,646	577,593	647,186	706,584

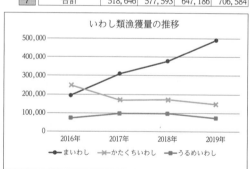

(2)　グラフから読み取った内容として正しいものを選び，記号で答えなさい。

ア．2016年のかたくちいわしの漁獲量は，2019年のかたくちいわしの漁獲量よりも少ない。
イ．2016年から2019年まで，まいわしの漁獲量は，年々増加している。
ウ．2018年の漁獲量で最も多いのは，うるめいわしである。

問6	問7	問8	問9(1)	問9(2)

169

【3】次の表は，ある文化会館の車いす利用可能施設と施設別利用件数の資料にもとづき，作成条件にしたがって作成されたものである。各問いに答えなさい。

［第64回出題］

資料

車いす利用可能施設

施設名	車いす利用
大ホール	○
小ホール	○
展示室	○
会議室	○
和室研修室	
洋室研修室	○
茶室	

施設別利用件数　午前

施設名	件数
大ホール	281
小ホール	325
展示室	216
会議室	116
和室研修室	111
洋室研修室	145
茶室	95

施設別利用件数　午後前半

施設名	件数
大ホール	332
小ホール	264
展示室	215
会議室	121
和室研修室	109
洋室研修室	167
茶室	111

施設別利用件数　午後後半

施設名	件数
大ホール	269
小ホール	230
展示室	114
会議室	328
和室研修室	102
洋室研修室	151
茶室	93

施設別利用件数　夜間

施設名	件数
大ホール	335
小ホール	261
展示室	211
会議室	94
和室研修室	73
洋室研修室	120
茶室	81

	A	B	C	D	E	F	G	H	I	J
1										
2	文化会館の施設別利用状況									
3								単位：件		
4	施設名	車いす利用	午前	午後前半	午後後半	夜間	利用計	平均	割合	備考
5	大ホール	○	281	332	269	335	1,217	304	24.0%	※
6	①	○	325	264	230	261	1,080	270	21.3%	※
7	展示室	○	216	②	114	211	756	189	14.9%	※
8	会議室	○	116	121	328	94	659	165	13.0%	※
9	和室研修室		111	109	③	73	395	99	7.8%	※
10	洋室研修室	○	145	167	151	120	583	146	11.5%	※
11	茶室		95	111	93	81	⑤	95	7.5%	※
12	時間帯計		1,289	1,319	1,287	1,175				
13	最大		325	332	328	④				
14	最小		95	109	93	73				
15	車いす利用可能施設数		5							

(注)　※印は，値の表記を省略している。

作成条件

1. 資料を参考にして，A5～F11にデータを入力する。
2. 「利用計」は，「午前」から「夜間」の合計を求める。
3. 「平均」は，「午前」から「夜間」の平均を求める。ただし，整数部のみ表示する。
4. 「割合」は，次の式で求める。ただし，％で小数第1位まで表示する。
   「利用計 ÷ 利用計の合計」
5. 「備考」のJ5には，次の式を設定する。
   =IF(I5>20.0%,"☆","")
6. 「時間帯計」は，各列の合計を求める。
7. 「最大」は，各列の最大値を求める。
8. 「最小」は，各列の最小値を求める。
9. 「車いす利用可能施設数」は，「車いす利用」に ○ が入力されているセルの数を求める。

問1．表の①～⑤に表示されるデータを答えなさい。

問2．I5に設定する式として適切なものを選び，記号で答えなさい。ただし，この式をI11までコピーする。

　　ア．=G5/SUM($G$5:$G$11)
　　イ．=$G$5/SUM(G5:G11)
　　ウ．=G5/SUM(G5:G11)

問3．J列に表示される ☆ の数として適切なものを選び，記号で答えなさい。ただし，J5の式をJ11までコピーしてある。

　　ア．1
　　イ．2
　　ウ．3

問4．C14 に設定する式として適切なものを選び，記号で答えなさい。

　　ア．=AVERAGE(C5:C11)
　　イ．=MAX(C5:C11)
　　ウ．=MIN(C5:C11)

問5．C15に設定する式として適切なものを選び，記号で答えなさい。

　　ア．=COUNT(A5:A11)
　　イ．=COUNT(B5:B11)
　　ウ．=COUNTA(B5:B11)

問1	①		②		③		④		⑤	

問2		問3		問4		問5	

【4】次の表は，ある出版社の出版物売上の資料にもとづき，作成条件にしたがって作成されたものである。各問いに答えなさい。

［第63回出題］

資料

2016年　出版物売上	
	単位：万円
区分	売上高
文庫	1,960
文芸	1,020
学習参考書	320
児童書	970
雑誌	5,960
電子書籍	920
電子雑誌	760

2017年　出版物売上	
	単位：万円
区分	売上高
文庫	1,860
文芸	830
学習参考書	310
児童書	1,030
雑誌	5,480
電子書籍	1,150
電子雑誌	1,070

2018年　出版物売上	
	単位：万円
区分	売上高
文庫	1,750
文芸	890
学習参考書	260
児童書	1,010
雑誌	5,000
電子書籍	1,300
電子雑誌	1,180

2019年　出版物売上	
	単位：万円
区分	売上高
文庫	1,600
文芸	820
学習参考書	250
児童書	1,010
雑誌	4,570
電子書籍	1,650
電子雑誌	1,430

	A	B	C	D	E	F	G	H	I	J
1										
2		出版物売上推移表								
3								単位：万円		
4	区分	2016年	2017年	2018年	2019年	合計	平均	最大	順位	備考
5	文庫	1,960	1,860	1,750	1,600	7,170	1,793	1,960	3	
6	①	1,020	830	890	820	3,560	890	1,020	6	
7	学習参考書	320	310	260	250	1,140	285	⑤	7	
8	児童書	970	1,030	③	1,010	4,020	1,005	1,030	5	○
9	雑誌	5,960	5,480	5,000	4,570	21,010	5,253	5,960	1	
10	電子書籍	920	②	1,300	1,650	5,020	1,255	1,650	2	○
11	電子雑誌	760	1,070	1,180	1,430	4,440	④	1,430	4	○
12	売上計	11,910	11,730	11,390	11,330					
13	電子割合	14.1%	18.9%	21.8%	27.2%					

作成条件

1. 資料を参考にして，A5～E11にデータを入力する。
2. 「合計」は，「2016年」から「2019年」の合計を求める。
3. 「平均」は，「2016年」から「2019年」の平均を求める。ただし，整数部のみ表示する。
4. 「最大」は，「2016年」から「2019年」の最大値を求める。
5. 「順位」は，「2019年」を基準として，降順に順位を求める。
6. 「備考」は，「2019年」が「2016年」以上の場合，○ を表示し，それ以外の場合，何も表示しない。
7. 「売上計」は，各列の合計を求める。
8. 「電子割合」は，次の式で求める。ただし，%で小数第1位まで表示する。

　　「（電子書籍　＋　電子雑誌）　÷　売上計」

問1．表の①～⑤に表示されるデータを答えなさい。

問2．I5に設定する式として適切なものを選び，記号で答えなさい。

　　ア．=RANK(B5,$B$5:$B$11,0)
　　イ．=RANK(E5,$E$5:$E$11,1)
　　ウ．=RANK(E5,$E$5:$E$11,0)

問3．J5に設定する式として適切なものを選び，記号で答えなさい。

　　ア．=IF(E5>=B5,"○","")
　　イ．=IF(E5<=B5,"○","")
　　ウ．=IF(E5>=B5,"","○")

問4．B12に設定する式として適切なものを選び，記号で答えなさい。

　　ア．=MIN(B5:B11)
　　イ．=COUNT(B5:B11)
　　ウ．=SUM(B5:B11)

問5．B13に設定する式として適切なものを選び，記号で答えなさい。

　　ア．=B10+B11/B12
　　イ．=(B10+B11)/B12
　　ウ．=B12/(B10+B11)

問1	①		②		③		④		⑤	

問2		問3		問4		問5	

【5】次の表は，あるウォーキング団体が主催する大会別参加人数の資料にもとづき，作成条件にしたがって作成されたものである。各問いに答えなさい。

[第62回出題]

資料

2015年 大会別参加人数	
	単位：人
大会名	参加人数
A大会	900
B大会	1,020
C大会	730
D大会	530
E大会	830
F大会	890
G大会	700

2016年 大会別参加人数	
	単位：人
大会名	参加人数
A大会	920
B大会	1,000
C大会	760
D大会	550
E大会	820
F大会	920
G大会	680

2017年 大会別参加人数	
	単位：人
大会名	参加人数
A大会	980
B大会	950
C大会	860
D大会	550
E大会	830
F大会	970
G大会	530

2018年 大会別参加人数	
	単位：人
大会名	参加人数
A大会	1,030
B大会	930
C大会	830
D大会	570
E大会	850
F大会	1,010
G大会	550

2019年 大会別参加人数	
	単位：人
大会名	参加人数
A大会	1,120
B大会	900
C大会	920
D大会	600
E大会	820
F大会	1,160
G大会	540

	A	B	C	D	E	F	G	H	I	J
1										
2		大会別参加人数一覧表								
3									単位：人	
4	大会名	2015年	2016年	2017年	2018年	2019年	合計	平均	最小	備考
5	A大会	900	920	980	1,030	1,120	4,950	990	900	○
6	B大会	1,020	1,000	②	930	900	4,800	960	900	
7	C大会	730	①	860	830	920	4,100	820	730	○
8	D大会	530	550	550	570	600	2,800	⑤	530	○
9	E大会	830	820	830	850	820	4,150	830	820	
10	F大会	890	920	970	③	1,160	4,950	990	890	○
11	G大会	700	680	530	550	540	3,000	600	530	
12	年合計	5,600	5,650	5,670	5,770	6,060				
13	最大	1,020	1,000	980	1,030	④				
14	増減数	－	50	20	100	290				
15	前年比	－	100.9%	100.4%	101.8%	105.0%				

作成条件

1．資料を参考にして，B5～F11に参加人数を入力する。
2．「合計」は，「2015年」から「2019年」の合計を求める。
3．「平均」は，「2015年」から「2019年」の平均を求める。ただし，整数部のみ表示する。
4．「最小」は，「2015年」から「2019年」の最小値を求める。
5．「備考」は，「2019年」が「2018年」より大きい場合，○ を表示し，それ以外の場合，何も表示しない。
6．「年合計」は，各列の合計を求める。
7．「最大」は，各列の最大値を求める。
8．「増減数」は，次の式で求める。
　　「当該年の年合計　－　前年の年合計」
9．「前年比」は，次の式で求める。ただし，%で小数第1位まで表示する。
　　「当該年の年合計　÷　前年の年合計」

問1．表の①～⑤に表示される数値を答えなさい。

問2．I5に設定する式として適切なものを選び，記号で答えなさい。

　　ア．＝MAX(B5:F5)
　　イ．＝MIN(B5:F5)
　　ウ．＝AVERAGE(B5:F5)

問3．J5に設定する式として適切なものを選び，記号で答えなさい。

　　ア．＝IF(F5<E5,"○","")
　　イ．＝IF(F5>E5,"","○")
　　ウ．＝IF(F5>E5,"○","")

問4．B12に設定する式として適切なものを選び，記号で答えなさい。

　　ア．＝SUM(B5,B11)
　　イ．＝SUM(B5:B11)
　　ウ．＝SUM(B5:F11)

問5．C15に設定する式として適切なものを選び，記号で答えなさい。

　　ア．＝C12/B12
　　イ．＝B12/C12
　　ウ．＝C12-B12

問1	①	②	③	④	⑤

問2		問3		問4		問5	

【6】次の表は，A市の年代別人口と洋菓子店の資料にもとづき，作成条件にしたがって作成されたものである。各問いに答えなさい。

資料

A市年代別人口	
	単位：人
年齢	人口
10歳～19歳	3,034
20歳～29歳	2,612
30歳～39歳	3,595
40歳～49歳	4,455
50歳～59歳	4,132
60歳～69歳	5,076
70歳～79歳	4,212
80歳～89歳	2,780

プリン年間平均購入金額（一人あたり）			
			単位：円
年齢	2016年	2017年	2018年
10歳～19歳	1,229	1,305	1,724
20歳～29歳	1,405	1,489	1,968
30歳～39歳	1,518	1,562	1,523
40歳～49歳	1,800	1,754	1,744
50歳～59歳	1,754	1,783	1,720
60歳～69歳	1,318	1,306	1,356
70歳～79歳	1,253	1,124	1,190
80歳～89歳	1,233	1,122	1,188

	A	B	C	D	E	F	G	H	I	J	K	L	M
1													
2							A市プリン市場分析表						
3						単位：人				単位：円			
4		年齢				人口	年間平均購入金額（一人あたり）			購入計	割合	順位	備考
5							2016年	2017年	2018年				
6	10	歳	～	19		3,034	1,229	1,305	1,724	4,258	12.0%	5	※
7	20		～	29		2,612	1,405	1,489	1,968	4,862	13.7%	3	※
8	30		～	39		②	1,518	1,562	1,523	4,603	13.0%	4	※
9	40		～	49		4,455	1,800	1,754	1,744	5,298	15.0%	1	※
10	50		～	59		4,132	1,754	1,783	1,720	5,257	14.9%	2	※
11	60		～	69		5,076	1,318	④	1,356	3,980	11.3%	6	※
12	①		～	79		4,212	1,253	1,124	1,190	3,567	10.1%	7	※
13	80		～	89	歳	2,780	1,233	1,122	1,188	3,543	10.0%	8	※
14						合計	11,510	11,445	12,413	35,368			
15						最大	③	1,783	1,968	5,298			
16						最小	1,229	1,122	⑤	3,543			

㊟　※印は，値の表記を省略している。

作成条件

1．資料のA市年代別人口を参考にして，F6～F13にデータを入力する。
2．資料のプリン年間平均購入金額（一人あたり）を参考にして，G6～I13にデータを入力する。
3．「購入計」は，「2016年」から「2018年」の合計を求める。
4．「合計」は，各列の合計を求める。
5．「割合」は，次の式で求める。ただし，％で小数第1位まで表示する。
　　「購入計　÷　購入計の合計」
6．「順位」は，「購入計」を基準として，降順に順位を求める。
7．「備考」のM6には，次の式を設定する。
　　=IF(I6>G6,"○","")
8．「最大」は，各列の最大値を求める。
9．「最小」は，各列の最小値を求める。

問1．表の①～⑤に表示されるデータを答えなさい。

問2．J6に設定する式として適切なものを選び，記号で答えなさい。

　ア．=SUM(G6:I6)
　イ．=SUM(F6:I6)
　ウ．=SUM(G6,I6)

問3．K6に設定する式として適切なものを選び，記号で答えなさい。ただし，この式をK13までコピーする。

　ア．=J6/J14
　イ．=J6/$J$14
　ウ．=$J$6/J14

問4．L6に設定する式として適切なものを選び，記号で答えなさい。

　ア．=RANK(J6,$J$6:$J$13,1)
　イ．=RANK(J6,$J$6:$J$16,0)
　ウ．=RANK(J6,$J$6:$J$13,0)

問5．M列に表示される ○ の数として適切なものを選び，記号で答えなさい。ただし，M6の式をM13までコピーしてある。

　ア．3
　イ．4
　ウ．5

問1	①	②	③	④	⑤

問2		問3		問4		問5	

第 3 章

コンピュータの
基礎知識

1 ハードウェア・ソフトウェアに関する知識

2 通信ネットワークに関する知識

3 情報モラルとセキュリティに関する知識

章末総合問題

章末検定問題

ハードウェア・ソフトウェアに関する知識

1. ハードウェアの構成

　コンピュータは，五大機能を受け持つ，次の装置によって構成される。これらの装置を五大装置という。

装　　置	機　　　　　能
入力装置	データやプログラムを入力する
記憶装置	データやプログラムを記憶する 記憶装置には主記憶装置と補助記憶装置がある
演算装置	データをもとに，四則演算や大小比較などを行う
制御装置	記憶装置からプログラムを取り出して解読し，入力・記憶・演算・出力の各装置に信号を送り，各装置をコントロールする
出力装置	処理結果やプログラムを出力したり，表示したりする

コンピュータの基本構成

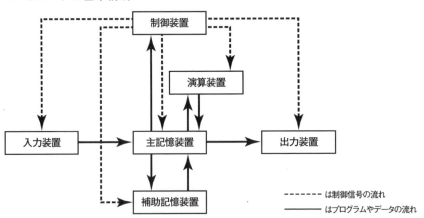

　主記憶・演算・制御の各装置は1つの装置として本体に格納され，演算・制御装置をまとめて，処理装置またはCPU（**中央処理装置**）と呼ぶ。また，入力・出力装置，補助記憶装置は**周辺装置**という。

パソコンの基本的な装置の例

（1）集積回路

トランジスタ，抵抗，コンデンサなどの部品と配線を数ミリメートル角のシリコン基板上に集めた半導体素子である。半導体製造技術の進歩により，回路規模，性能が向上して今日では，コンピュータから家電製品，産業用機械などあらゆる場面で応用されている。

（2）記憶装置

①　主記憶装置

CPU（中央処理装置）と直接データのやりとりができる記憶装置で，メモリともいう。主記憶装置としては次のようなものがある。

（ア）ROM（Read Only Memory）

読み取り専用の記憶素子で，電源を切っても記憶内容が消えない（不揮発性）。パソコンを動かす基本的なプログラムが記憶されている。

（イ）RAM（Random Access Memory）

読み取りと書き込みができる記憶素子で，電源を切ると記憶内容が消えてしまう（揮発性）。

②　補助記憶装置

主記憶装置を補う目的で使われる。補助記憶装置としては次のようなものがある。

（ア）ハードディスク

金属やガラスの固い円盤を用いた磁気ディスク装置。コンピュータの内部に組み込まれていることが多い。1台あたりの記憶容量が大きく，データ転送速度も高速である。

（イ）SSD（Solid State Drive）

記憶媒体として半導体メモリを複数個組み合わせたドライブ装置。フラッシュメモリを用いたものもある。ハードディスクの代替として利用できる。ハードディスクに比べて，耐久性に優れ，消費電力も少なく，軽量小型で，読み書き速度も速いが，記憶容量あたりの価格が高いのが欠点である。

（ウ）DVD［容量：約4.7GB〜17GB］

光ディスク装置の一種で，両面記録，2層記録が可能で，記憶容量も大きい。

	片面	両面
1層	4.7GB	9.4GB
2層	8.5GB	17GB

第3章

（エ）ブルーレイ（Blu-ray）［容量：25GB～50GB］

光ディスクの一種で，データの読み書きに青紫色半
導体レーザを利用している。ハイビジョン映像などの
高密度映像の編集・保存や，大容量データの保存・整
理などが可能で，次のようなものがある。

	片面
1層	25GB
2層	50GB

BD-R …一度だけ書き込みができ，容量に空きがあれば追記ができる。
BD-RE…繰り返し消去して書き込むことができる。

（オ）フラッシュメモリ

データの書き込みや消去を自由に行うことができ，電源を切っても記憶内
容が消えない半導体メモリ。フラッシュメモリをカード型にパッケージした
メモリカードやUSBメモリなどがある。

フラッシュメモリ ——→

（3）入力装置

① イメージスキャナ
［Image Scanner 画像入力装置］

写真やイラストなどを読み取って，画像情報
をデジタル情報としてコンピュータに取り込む
装置。読み取った画像は，点の集まりとして表
現される。

イメージスキャナ

② タッチパネル［Touch Panel］

ディスプレイに表示されたボタンに指やペン
で触れてデータを入力する装置。銀行のATM
（現金自動預払機）や駅の自動券売機，パソコ
ンやスマートフォンなどに利用されている。

タッチパネル

③ バーコードリーダ

白と黒の縞模様状の線の太さによって数値や
文字を表す識別子であるバーコードを読み取る
装置。バーコードスキャナともいう。

バーコードリーダ

（4）出力装置

① インクジェットプリンタ

ノズルからインクを吹き付けて印字する。従
来の熱転写プリンタに比べ，高品質，低価格に
なり，個人向けのプリンタとして広く普及して

インクジェットプリンタ

いる。インクがにじむなどの欠点がある。

② レーザプリンタ

レーザプリンタ

コピー機のようにレーザ光を使ってトナー（炭素粉末）を付着させるプリンタ。高品質，高速だが大型で高価格なのでオフィスでの利用が主だったが，低価格な製品が発売され，個人ユーザも利用するようになった。消費電力が大きく，トナーが高価などの欠点がある。

③ プロジェクタ

プロジェクタ

画像や映像を大型スクリーンなどに投影することにより表示する装置。パソコンやDVDなどと接続し，画像を拡大して投影し，プレゼンテーションなどに利用されている。

（5）インタフェース

パソコンと周辺機器，人間とパソコンといった情報や信号の接点を**インタフェース**という。インタフェースには次のようなものがある。

① USB［Universal Serial Bus］

USBコネクタの例

キーボードやマウス，スキャナなどの周辺機器とパソコンを接続するためのシリアルインタフェース。USBはパソコンの電源を入れたまま接続でき（ホットプラグ機能），集線装置を使って127台まで接続できる。

② Bluetooth

数mから数十m程度の近距離の，デジタル機器用の無線通信の規格。無線接続の状態を意識せずに常時接続したままでの使用状況に適している。ノートパソコンや携帯電話などの携帯情報端末および周辺機器同士を，ケーブルを使わずに接続し，音声やデータをやりとりすることができる。

③ HDMI

主に家電やAV機器向けのデジタル映像・音声入出力インタフェースの規格。制御信号が一体化したシングルケーブルにより，AV機器の配線を1本で簡略化できる。また，完全なデジタル伝送であるため，伝送過程で画質・音質が劣化しない。

第3章

2. ソフトウェアの構成

（1） OS（オペレーティングシステム）

利用者がコンピュータを使いやすくするために，基本的な制御や管理を行うソフトウェアのこと。基本ソフトウェアの起動によってコンピュータも起動する。代表的なものにWindows, UNIX, MacOSなどがある。

（2） アプリケーションソフトウェア

個々の業務に合わせて開発された販売管理・給与計算システムや，業務処理に幅広く利用されるワープロソフト，表計算ソフト，データベースソフトなどがある。

① インストール

アプリケーションソフトをコンピュータに導入する作業のこと。「セットアップ」（setup）とも呼ばれる。アプリケーションを構成するプログラムやデータなどのファイルをハードディスクなどにコピーし，必要な設定を行う。

② アンインストール

インストールされたアプリケーションソフトを削除し，導入前の状態に戻すこと。

（3） アップデート

コンピュータ等のOSやソフトウェアに小規模な更新をすること。また，そのためのソフトウェア部品のこと。

3. パーソナルコンピュータの操作

（1） GUI（Graphical User Interface）

コンピュータに対する命令を，メニューやアイコンなどを選択することによって実行させる視覚的に操作しやすい環境。たとえば，コピーをする場合，右図のように［ホーム］リボンのコピーのアイコンをクリックする。このようにユーザが画面上のメニューやアイコンをクリックするだけで簡単に操作が行える。

GUIの例

（2）画面

① **アイコン（絵文字）**

処理の対象や機能をシンボル化した絵文字。アイコンを選択することによってプログラムの機能を実行させることができる。

＜Microsoft Edgeのアイコン＞

② **カーソル**

入力位置を示す画面上のマーク。マウスや矢印キーで移動する。

③ **スクロール**

画面上に表示しきれない領域を，上下，左右に移動させ表示させること。

4.　関連知識

（1）　2進数

コンピュータ内部のすべての情報は，「0」と「1」の2つの数字だけで表現される。「0」と「1」のみを用いて情報を表現する方法を**2進数**という。

2進数と10進数

10進数	0	1	2	3	4	5	6	7	8	9	10
2進数	0	1	10	11	100	101	110	111	1000	1001	1010

ビット　…コンピュータで扱う最小の情報単位。1ビットは2進数の1桁を表す。

バイト　…コンピュータが1つの単位として扱うビットの集まり。1バイトは8ビット。

① **10進数から2進数への変換**

10進数を2で割り，割り切れなくなるまで続け，その余りを逆に読む。

```
2) 1 4      余り
2)  7 ・・・ 0  ↑
2)  3 ・・・ 1  │
2)  1 ・・・ 1  │
    0 ・・・ 1  │
```

② **2進数から10進数への変換**

2進数の各桁に，桁ごとの重みを乗じて，その和を求める。

$$\begin{array}{cccc} 1 & 1 & 1 & 0 \\ \times & \times & \times & \times \\ 2^3 & 2^2 & 2^1 & 2^0 \\ \downarrow & \downarrow & \downarrow & \downarrow \\ 8 + & 4 + & 2 + & 0 = 14 \end{array}$$

（2）記憶容量の単位

　コンピュータの主記憶装置や補助記憶装置などの記憶容量を表す単位には，バイトを使用する。キロ（K）は1,000倍を意味する補助単位（kmやkg）であるが，おもに2進数で処理を行うコンピュータでは，1,024（2^{10}）倍の意味で使われることもある。

キロバイト（KB）	1KB = 1024（約1,000）バイト
メガバイト（MB）	1MB = 1024^2（約1,000,000）バイト
ギガバイト（GB）	1GB = 1024^3（約1,000,000,000）バイト
テラバイト（TB）	1TB = 1024^4（約1,000,000,000,000）バイト
ペタバイト（PB）	1PB = 1024^5（約1,000,000,000,000,000）バイト

例：10,240バイト＝10キロバイト　2,048メガバイト＝2ギガバイト

（3）処理速度の単位

　コンピュータが演算などの処理を行う処理速度には，次の単位を使用する。ミリ（m）は1/1,000を意味する補助単位（mmやmg）。

ミリセカンド（ms）	1ms = 10^{-3}（1/1,000）秒
マイクロセカンド（μs）	1μs = 10^{-6}（1/1,000,000）秒
ナノセカンド（ns）	1ns = 10^{-9}（1/1,000,000,000）秒
ピコセカンド（ps）	1ps = 10^{-12}（1/1,000,000,000,000）秒
フェムトセカンド（fs）	1fs = 10^{-15}（1/1,000,000,000,000,000）秒

例：0.01秒＝10ミリセカンド　20ナノセカンド＝20,000ピコセカンド

（4）フォーマット

　記憶媒体にファイル等のデータを記録するために，ファイルシステムの識別子やフォルダやファイルの名前や構成情報などの初期値を記録すること。すでに利用されている媒体でフォーマットを行うと，それまで記録されていたデータはすべて消えてしまうため，ハードディスクなど大容量の媒体をフォーマットする際には注意が必要である。

（5）ファイル名

　プログラムやデータを特定するための名称。

（6）フォルダ（ディレクトリ）

　記憶装置の中でファイルを分類して保存するために作られた記憶場所のこと。フォルダ名を付けて関連する複数のファイルを1つのフォルダに入れることにより，ファイルを効率的に管理することができる。

（7） バッチ処理

一定期間に発生したデータを蓄積・保存し，まとめて処理する方式。給与や月ごとの売上高など一定期間ごとに計算する業務に適している。

（8） リアルタイム処理

工業用ロボットや航空管制システムのように，センサなどで監視し，状況に応じて即座に処理する方式。

（9） EOS（電子発注システム）

EOSとはElectronic Ordering Systemの略で，企業間の取引において，ネットワーク経由で受発注業務を行うシステム。従来の帳簿でのやりとりに比べ，発注から納品までの時間の短縮や低コストを実現することができる。

（10） EC（電子商取引）

ECとはElectronic Commerce（エレクトロニックコマース）の略で，インターネットなどのネットワークを利用した商取引全般のこと。

（11） バーコード

数字，文字，記号などの情報を一定の規則にしたがいバー（枠線）に変換し，レジスターなどの機械が読み取りやすいデジタル情報として入出力できるマーク。国ごとに規定したものなど多くの種類がある。

① JANコード

代表的なバーコードで日本産業規格（JIS）に定められている，商品識別番号とバーコードの規格の１つ。13桁の標準タイプと８桁の短縮タイプがあり，短縮タイプは日本独自の

規格で，パッケージが小さく標準タイプを印刷できない商品に使用されている。

② QRコード（二次元バーコード）

小さな正方形の点を縦横同じ数だけ並べた二次元のコードで，一次元のバーコードに比べ，より多くの情報を表すことができる。携帯電話にQRコードの読み取り機能を搭載することで簡単に読み取りができ，さまざまな分野で活用されている。

（12） POSシステム

POSとはPoint Of Salesの略で，商品についているバーコードを読み取り，顧客の購入代金を計算するだけでなく，商品別に売上金額や在庫の状況などを即座に把握することができるシステム。販売時点情報管理システムともいう。

(13) RFID

RFIDとはRadio Frequency Identificationの略で，微小な無線チップによって直接接触することなく，人や物を識別・管理するシステムのことで，バーコードに代わるものとして生産・在庫管理技術として研究が進められてきたが，セキュリティや交通，レジャー施設など活用の幅が広がってきている。

乗車カードや電子マネーなどの**非接触型ICカード**もRFIDの一種に含まれる。

(14) AI（人工知能）

人工知能とは，人間が行ってきた高度に知的な作業や判断を，コンピュータを中心とする人工的なシステムにより行えるようにしたものである。

(15) IoT（モノのインターネット）

IoTとはInternet of Thingsの略であり，さまざまな物に通信機能を持たせ，インターネットに接続し相互に通信することにより，自動認識や自動制御，遠隔計測などを行うことである。モノのインターネットともよばれる。

練習問題　　　　　　　　　　　　　　解答 ➡ P.20

練習問題 1-1

次の説明文に最も適した答えを解答群から選び，記号で答えなさい。

(1) 半導体メモリで構成されており，ハードディスクの代替となる，衝撃や振動に強いなどの特徴を持つ補助記憶装置。

(2) トランジスタ，抵抗，コンデンサなどの部品と配線を数ミリメートル角のシリコン基板上に集めた半導体素子。

(3) データの読み書きに青紫色半導体レーザを利用し，ハイビジョン映像などの高密度映像の編集・保存や，大容量データの保存・整理などが可能な補助記憶装置。

(4) キーボードやマウス，スキャナなどの周辺機器とパソコンを接続するためのシリアルインタフェース。

(5) ノズルからインクを吹き付けて印字する出力装置。

解答群
ア．フラッシュメモリ　　イ．SSD　　ウ．CPU
エ．インクジェットプリンタ　　オ．USB　　カ．ブルーレイ
キ．RAM　　ク．集積回路　　ケ．ハードディスク　　コ．レーザプリンタ

(1)	(2)	(3)	(4)	(5)

練習問題 1-2

次の説明文に最も適した答えをア，イ，ウの中から選び，記号で答えなさい。

(1) キーボードやマウスなど，コンピュータに指示を与える装置。
　　ア．入力装置　　イ．演算装置　　ウ．出力装置

(2) 読み取りと書き込みができる記憶素子（メモリ）。
　　ア．入力装置　　イ．RAM　　ウ．ROM

(3) ディスプレイに表示されたボタンに指やペンで触れてデータを入力する装置。
　　ア．タッチパネル　　イ．イメージスキャナ　　ウ．バーコードリーダ

(4) コンピュータの装置の1つで，各装置に信号を送りコントロールする装置。
　　ア．周辺装置　　イ．演算装置　　ウ．制御装置

(5) 光ディスクの一種で，両面記録が可能で記憶容量の大きいディスク。
　　ア．フラッシュメモリ　　イ．主記憶装置　　ウ．DVD

(1)	(2)	(3)	(4)	(5)

第3章

練習問題 1-3

次の語に最も関係の深いものを解答群から選び，記号で答えなさい。

(1) GUI

(2) バーコード

(3) OS

(4) 記憶容量

(5) フォーマット

── 解答群 ──

ア. 初期化　　**イ**. SSD　　　　**ウ**. バイト　　**エ**. ms

オ. 基本ソフトウェア　　**カ**. ポイント　　**キ**. POSシステム

ク. EOS　　　　　　　　**ケ**. アイコン　　**コ**. レーザプリンタ

(1)		(2)		(3)		(4)		(5)	

練習問題 1-4

次の説明文に最も関係の深い語を解答群から選び，記号で答えなさい。

(1) CPUを内蔵したコンピュータ等の機器の内蔵プログラムやソフトウェアを更新すること。

(2) 利用者がコンピュータを使いやすくするために，基本的な制御や管理を行うソフトウェア。

(3) 処理の対象や機能をシンボル化した絵文字。

(4) 画面上で文字入力の位置を指し示すことに利用される記号。

(5) 個々の業務に合わせて開発され，業務処理に幅広く利用されるソフトウェア。

── 解答群 ──

ア. アイコン　　　**イ**. スクロール　　　　　　**ウ**. アップデート

エ. OS　　　　　　**オ**. EC　　　　　　　　　　**カ**. EOS

キ. カーソル　　　**ク**. アプリケーションソフトウェア　**ケ**. バッチ処理

コ. インストール　**サ**. リアルタイム処理　　　　**シ**. POS

(1)		(2)		(3)		(4)		(5)	

練習問題 1-5

次の文の下線部が正しいものには○印を，誤っているものには正しい語を書きなさい。

(1) 入力位置を示す画面上のマークを**アイコン**という。

(2) インターネットなどのネットワークを利用した商取引全般のことを**EC**という。

(3) 画面上に表示しきれない領域を，上下，左右に移動させ表示させることを**ポイント**という。

(4) 一定期間データを集め，まとめて処理をする方法を**リアルタイム**処理という。

(5) コンピュータに対する命令を，メニューやアイコンなどを選択することによって実行させる視覚的に操作しやすい環境を**GUI**という。

(1)		(2)		(3)		(4)		(5)	

練習問題 1-6

次のA群に最も関係の深いものをB群の中から選び，記号で答えなさい。

《A群》

(1) μs

(2) TB

(3) リアルタイム処理

(4) QRコード

(5) スクロール

《B群》

ア．記憶容量の単位で，約1,000,000,000,000バイト。

イ．100万分の1秒を表す時間の単位。

ウ．日本産業規格で定められている，一次元バーコードの規格。

エ．センサなどで監視し，状況に応じて要求を即座に処理する方式。

オ．10億分の1秒を表す時間の単位。

カ．記憶容量の単位で，約1,000,000,000バイト。

キ．画面外にある続きのデータを表示すること。

ク．小さな正方形の点を縦横同じ数だけ並べた二次元のコード。

ケ．文字の入力位置を指し示すために利用される記号のこと。操作によってそのデザインは変わる。

コ．一定期間に発生したデータを蓄積・保存し，まとめて処理を行う方法。

(1)		(2)		(3)		(4)		(5)	

練習問題 1-7

次の(1)～(3)の10進数を2進数に，(4)～(6)の2進数を10進数に変換しなさい。

(1) 13　　　(2) 26　　　(3) 34

(4) 1010　　　(5) 10111　　　(6) 110110

(1)		(2)		(3)		(4)		(5)		(6)	

練習問題 1-8

次の文の（　　）の中から正しいものを選び，記号で答えなさい。

(1) 企業間の取引において，ネットワーク経由で受発注業務を行うシステムのことを（ア．POSシステム　イ．電子発注システム）という。

(2) コンピュータで扱う最小の情報単位を（ア．ビット　イ．バイト）という。

(3) 使用するOSに合わせて記憶媒体を初期化することを（ア．フォーマット　イ．バーコード）という。

(4) あらゆるものをインターネットに接続し，さまざまな機能を実現することを（ア．AI　イ．IoT）という。

(5) 微小な無線チップによって直接接触することなく，人や物を識別・管理するシステムを（ア．RFID　イ．EC）という。

(1)		(2)		(3)		(4)		(5)	

第3章

2 通信ネットワークに関する知識

1. WWWに関する知識

（1）プロバイダ

インターネットの接続のサービスを提供する組織のこと。ISP（Internet Services Provider）と呼ぶこともある。契約が完了すると，ユーザIDやパスワードなどが割り当てられ，それをコンピュータに設定する。

（2）ブラウザ

Webページを閲覧するためのソフトウェアのことで，Webブラウザや閲覧ソフトともいう。「Microsoft Edge」や「Firefox」などがある。

（3）HTML（Hyper Text Markup Language）

Webページを作成するためのマークアップ言語。

HTMLの例

```
<html>
<head>
<title>ようこそ</title>
</head>
<body>
<center>
<font size="+ 1 " color="#3366cc">
ようこそ私のホームページへ</font><br>
1. <a href="syoukai.html">自己紹介</a><br>
2. <a href="syumi.html">私の趣味</a><br>
</center></body></html>
```

左のHTMLをブラウザで表示した例

（4）URL（Uniform Resource Locator）

インターネット上の情報（Webページ）がある場所を示す記述方法。

URLの例　https://www.tokyo-horei.co.jp

（5）ドメイン名

ネットワークに接続されたコンピュータは，IPアドレスと呼ばれる固有の番号が割り当てられ管理される。IPアドレスは数字のみで構成されているので，わかりにくく不便であるため，通常は「tokyo-horei.co.jp」のようなドメイン名を利用する。ドメイン名は，IPアドレスの代わりに，コンピュータもしくは利用者を識別するために付けられた名前のことである。

ドメイン名の例

属性は，組織の種類を表す。主に次のようなものがある。

　　　　co　企業　　　　　　　go　政府機関　　　ne　ネットワーク組織

　　　　ed　小学校～高等学校　or　その他の法人

地域名は，国名などを表す。主に次のようなものがある。

　　　　jp　日本　　　　kr　韓国　　　uk　イギリス　　　fr　フランス

（6）ハイパーリンク

　文書内に埋め込まれた，他の文書や画像などの位置情報のことで，Webページに設定されたハイパーリンクをクリックすると，指定先の文書や画像などが表示される。

（7）検索（サーチ）エンジン

　インターネット上にある膨大なWebページの中から，キーワードなどを使って必要な情報を探し出すためのWebページ。Yahoo，Googleなどがある。

（8）Webサーバ

　ブラウザで閲覧するコンテンツ（Webページ）を提供するコンピュータ。

2. 電子メールに関する知識

（1）メールサーバ

　ネットワークを通じて電子メール（E-mail）の送受信を管理するコンピュータ。

（2）メーラ

　電子メールを利用するためのソフトウェアのことで，代表的なものとしてマイクロソフト社の「Outlook」などがある。

（3）電子メールの送信

① メールアドレス

　電子メールの宛先のことで，「kentei@tokyo-horei.co.jp」のように「ユーザ名@ドメイン名」で表記する。

② 宛先（To）

　電子メールを送信する相手のメールアドレスを入力する欄のこと。電子メールを送信する場合には省略することができない。

③ カーボンコピー（Cc）

　同じ内容のメールを他の人にも同時に送信したいとき，Cc欄にメールアドレスを入力する。受信した人は誰に同じメールが届いているかわかる。

④ ブラインドカーボンコピー（Bcc）

　　カーボンコピーとほぼ同じであるが，受信者は誰に同じメールが送信されているかわからない。一緒に送信した相手を知られたくない場合や，プライバシー保護の意味で，他人のメールアドレスを勝手に公開しないようにする場合に使用する。

⑤ 添付ファイル

　　電子メールの送信時に添付されるファイルのこと。画像ファイルやワープロ・表計算ソフトなどのファイルを送信できる。

（4） Webメール

　　Webブラウザで利用することができる電子メールのこと。インターネット上でサービスとして提供している業者もあり，サービスの場合，その多くは無料で利用することができる「フリーメール」サービスとして運営されている。代表的なものとしてGoogle社の「Gmail」などがある。

3. ネットワークに関するその他の知識

（1） ファイルサーバ

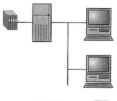

　　ファイルシステムを，複数のユーザから利用できるよう管理するためのサーバ。データの読込・更新・管理など要求される処理を整理する。

（2） プリントサーバ

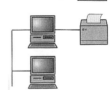

　　特定のプリンタを複数のコンピュータで利用できるようにプリントジョブの管理をするサーバ。

（3） オンラインストレージ

　　インターネットを介して，利用者にサーバの記憶装置の容量を貸し出すサービスのこと。

（4） アップロードとダウンロード

　　アップロードとは，自分のコンピュータ内に存在するデータを，ネットワークで接続された他のコンピュータに転送して保存すること。ダウンロードとは，ネットワークで接続された他のコンピュータに存在するファイルを，自分のコンピュータに取り込み，保存すること。

第3章

練習問題

解答 ➡ P.20

練習問題 2-1

次の説明文に最も適した答えを解答群から選び，記号で答えなさい。

(1)　ネットワークを通じて電子メールの送受信を管理するコンピュータ。

(2)　インターネット上にある，情報（Webページ）の保存場所を示すアドレス。

(3)　Webページを作成するためのマークアップ言語。

(4)　Webページを閲覧するためのソフトウェア。

(5)　ファイルシステムを複数のユーザから利用できるように管理するためのサーバ。

(6)　電子メールを送信する相手のメールアドレスを入力する欄のこと。

```
―解答群――――
ア．URL            イ．宛先（To）      ウ．ハイパーリンク     エ．ブラウザ
オ．ファイルサーバ   カ．メールサーバ     キ．Webサーバ        ク．HTML
ケ．メールアドレス   コ．メーラ         サ．プリントサーバ     シ．プロバイダ
```

(1)		(2)		(3)		(4)		(5)		(6)	

練習問題 2-2

次のA群の語句に最も関係の深い説明文をB群から選び，記号で答えなさい。

《A群》

(1)　検索（サーチ）エンジン

(2)　オンラインストレージ

(3)　Bcc

(4)　添付ファイル

(5)　Webメール

《B群》

ア．電子メールの送信時にそえられるファイルのこと。

イ．文書内に埋め込まれた，別の文書や画像などの位置情報。

ウ．ブラウザで閲覧するコンテンツを提供するコンピュータ。

エ．同じ内容のメールを複数の人に送信するときに使用する機能で，受信者に同時に送信された人のメールアドレスがわかる機能。

オ．キーワードなどを入力して必要な情報を探し出すためのWebページ。

カ．フリーメールサービスなどのWebブラウザで利用することができる電子メールのこと。

キ．インターネットを経由して，サーバの記憶領域の容量を利用者に貸し出すサービス。

ク．IPアドレスの代わりにコンピュータを識別するための名前。

ケ．同じ内容のメールを複数の人に送信するときに使用する機能で，受信者に同時に送信された人のメールアドレスがわからない機能。

コ．電子メールを利用するためのソフトウェア。

(1)		(2)		(3)		(4)		(5)	

③ 情報モラルとセキュリティに関する知識

1. 情報モラル

インターネットでは，情報の収集や発信を簡単に行えて便利であるが，悪意の
ある情報の受信・送信や不正行為により，自分が知らないうちに迷惑をかけられ
たり，かけたりすることがある。情報社会において，適切な活動を行うためのも
とになる考え方と態度を**情報モラル**という。

（1）プライバシーの侵害

他人に知られたり干渉されたりしたくない個人の秘密ないし私生活領域（プラ
イバシー）をおびやかすこと。最近は，ジャーナリズムやマスメディアなどの発
達にともない，プライバシーはたやすく他人に侵害されやすくなった。

（2）フィルタリング

有害なWebページなどへのアクセスを規制すること。学校や家庭で教育上不
適切なWebページへのアクセスを制限したり，企業などでWebページ閲覧から
生じる情報漏えいを予防したりするなどの対策をとっている。

（3）有害サイト

出会い系サイト，ギャンブルサイト，アダルトサイト，残酷な画像のサイト，
薬物サイトといった，一般常識から判断して好ましくないWebページのこと。

（4）迷惑メール

携帯電話などからのインターネット接続の普及にともない，電子メールによる
一方的な商業広告の送りつけ，いわゆる迷惑メールが社会問題化している。迷惑
メールには次のようなものがある。

① **スパムメール**

商品の広告や勧誘，嫌がらせなど無差別に送られてくる悪質な電子メールの
ことで，主にねずみ講まがいのものや詐欺的なメールが多い。

② **チェーンメール**

次から次へと連鎖的に同じ内容の電子メールを転送するようにうながす電子
メールのこと。

（5）ネット詐欺

インターネット上で行われる詐欺行為のこと。ネット詐欺には次のようなもの
がある。

① フィッシング詐欺

　　有名企業や本物のウェブサイトを装った偽のウェブサイトへ誘導するメールを送りつけ，クレジットカードの会員番号などの個人情報や，銀行預金口座を含む各種サービスのIDやパスワードを獲得することを目的とする詐欺行為のこと。

② ワンクリック詐欺

　　有害サイトや勝手に送られた電子メールに記載されているURLなどを1回クリックすると，「ご入会ありがとうございました。」などの文字やWebページが表示され，一方的に契約成立とされて，多額の料金の支払いを求められること。

2. セキュリティ

　　他人になりすましてコンピュータシステムを利用したり，プログラムやデータを変更したり破壊したりするコンピュータ犯罪がある。このような犯罪や災害からコンピュータシステムを守り，機密性・信頼性・可用性を維持することをセキュリティという。

（1）認証

　　利用者がコンピュータを使用する権利があるかどうかを，ユーザIDとパスワードを入力させることで識別すること。コンピュータや銀行のATMなどを利用する際に，指紋や瞳の中の虹彩などの生体情報を読み取らせることで本人確認を行うことを生体認証（バイオメトリクス認証）という。暗証番号やパスワードなどに比べ，極めて「なりすまし」にくい認証方式であるため，関心が高まっている。しかし，任意に更新することができないため，一度でも複製され破られてしまうと安全性を回復できなくなる問題もある。

（2）ユーザID

　　ネットワークを利用する際の利用者の識別コードであり，通常英数字の組み合わせである。ユーザIDは，銀行預金に例えれば口座番号のようなものである。

（3）パスワード

　　ユーザIDに設定した暗証番号であり，他人の不正な使用やデータなどの盗用を防ぐために用いられる。パスワードは，通常英数字の組み合わせである。

（4）なりすまし

　　他人のユーザIDやパスワードを使用してその人を装い，情報を盗んだり，だましたりすること。

（5） アクセス制限

システムやファイルなどの利用を制限すること。

① **アクセス権**

あるコンピュータが，ファイルやシステムなどを利用する権利。ネットワークを通じ，保存されているデータを複数のユーザで共有する際に，利用者を限定したいデータがある場合，特定のユーザのみがデータの読み書きをできるように設定するなどのようにアクセス権を設定する。

② **不正アクセス**

アクセス権を持っていない者が，不正にアクセス権を取得し，コンピュータに侵入したり，システムやファイルを利用したりすること。

（6） マルウェア

コンピュータの正常な利用を妨げたり，利用者やコンピュータに害をもたらしたりするなど，不正な動作を行うソフトウェアの総称。

① **コンピュータウイルス**

ネットワークやUSBメモリなどを通じてコンピュータに入り込み，プログラムやデータを破壊したり，書き換えたりするソフトウェア。

② **スパイウェア**

知らないうちにパソコンにインストールされ，個人情報を盗み出したり，ユーザの意に反してパソコンを操作させたりするソフトウェア。

③ **ワーム**

インターネットなどを通じてコンピュータに侵入し，自身を複製して他のシステムに拡散する性質をもったソフトウェア。

④ **トロイの木馬**

有益・無害なプログラムに偽装されているが，何らかのきっかけにより，データ漏洩や遠隔操作などの有害な動作を行うソフトウェア。

（7） ウイルス対策ソフトウェア

コンピュータウイルスを検出・消去するソフトウェアのこと。ウイルス対策ソフトには次のようなものがある。

① **ウイルス定義ファイル（パターンファイル）**

コンピュータウイルスを検出する際に使うファイル。コンピュータウイルスの特徴を記録したもの。

② **ワクチンプログラム**

コンピュータウイルスに感染していないかチェックしたり，感染している場合にはウイルスを駆除する機能を備えたソフトウェアのこと。

練習問題 解答 ➡ P.20

練習問題 3-1

次の説明文に最も適した答えを解答群から選び，記号で答えなさい。

(1) ネットワークを利用する際の利用者の識別コード。

(2) 一般常識から判断して好ましくないWebページ。

(3) 次から次へと連鎖的に転送されるように仕組まれた電子メール。

(4) 利用者がコンピュータを利用する権利を，ユーザIDとパスワードの入力で識別すること。

(5) 有名企業などを装い，偽のウェブサイトへのハイパーリンクを張ったメールを送りつけ，個人情報などを獲得することを目的とする詐欺行為のこと。

(6) コンピュータウイルスに感染していないかどうかをチェックするソフトウェア。

```
┌─ 解答群 ─────────────────────────────────────────────┐
│ ア．認証          イ．チェーンメール    ウ．パスワード      エ．ユーザID      │
│ オ．フィッシング詐欺  カ．有害サイト       キ．なりすまし      ク．HTML        │
│ ケ．ワンクリック詐欺  コ．ワクチンプログラム  サ．スパムメール               │
│ シ．コンピュータウイルス                                          │
└─────────────────────────────────────────────────────┘
```

(1)		(2)		(3)		(4)		(5)		(6)	

練習問題 3-2

次のA群の語句に最も関係の深い語をB群より選び，記号で答えなさい。

《A群》	《B群》
(1) ウイルス定義ファイル	ア．連鎖
(2) 有害サイト	イ．感染
(3) スパムメール	ウ．ねずみ講
(4) チェーンメール	エ．パスワード
(5) フィルタリング	オ．ウイルス除去
(6) コンピュータウイルス	カ．パターンファイル
(7) ワクチンプログラム	キ．アクセス制限
(8) 認証	ク．出会い系

(1)		(2)		(3)		(4)	
(5)		(6)		(7)		(8)	

章末総合問題

【1】 次の説明文に最も関係の深い語を解答群から選び，記号で答えなさい。

(1) 補助記憶装置の一種で，磁気を利用して読み書きを行う装置。

(2) 2つの数値を比較して，大小判定などを行う装置。

(3) オペレーティングシステムに合わせて，ディスクに読み書きができるようにあらかじめ設定をすること。

(4) 画面に表示されているメニューやアイコンをマウスなどで選択し，作業を視覚的に容易に行えるようにした操作環境。

(5) 10億分の1秒を表す単位。

```
┌─ 解答群 ──────────────────────────────────────────┐
│  ア．演算装置      イ．DVD        ウ．GUI      エ．フォーマット  │
│  オ．制御装置      カ．μs         キ．ns       ク．ハードディスク │
│  ケ．RAM          コ．USB                                      │
└───────────────────────────────────────────────┘
```

(1)		(2)		(3)		(4)		(5)	

【2】 次の説明文に最も適した答えをア，イ，ウの中から選び，記号で答えなさい。

1．人間の知能をコンピュータで実現するための技術やシステム。

　　ア．IoT　　　　　　　イ．AI　　　　　　　ウ．RFID

2．2進数の1101を10進数で表したもの。

　　ア．13　　　　　　　イ．14　　　　　　　ウ．15

3．主に家電やAV機器向けのデジタル映像・音声入出力インタフェース規格。

　　ア．Bluetooth　　　　イ．USB　　　　　　ウ．HDMI

4．ネットワークを介して，自分のコンピュータから他のコンピュータへ，ファイルを送信すること。

　　ア．ダウンロード　　　イ．サーバ　　　　　ウ．アップロード

5．有益・無害なソフトウェアやファイルを装い，利用者に損害を与えるような動作を行うソフトウェア。

　　ア．トロイの木馬　　　イ．スパイウェア　　ウ．ワーム

1		2		3		4		5	

第3章

【3】 次のA群の語句に最も関係の深い説明文をB群から選び、記号で答えなさい。

《A群》

1．RAM
2．スパムメール
3．Cc
4．オンラインストレージ
5．QRコード

《B群》

ア．インターネットを介して、利用者にサーバの記憶装置の容量を貸し出すサービス。

イ．インターネット上で銀行などの金融機関のサービスを利用すること。

ウ．同じ内容のメールを複数の人に送信するときに使用する機能で受信者に同時に送信された人のメールアドレスがわからない機能。

エ．電源を切ると記憶内容が消えてしまうメモリ。

オ．連鎖的に転送されるように仕向けられた電子メール。

カ．同じ内容のメールを複数の人に送信するときに使用する機能で、受信者に同時に送信された人のメールアドレスがわかる機能。

キ．日本産業規格（JIS）に定められている、商品識別番号とバーコードの規格。

ク．ねずみ講などの悪質な電子メール。

ケ．小さな正方形の点を縦横同じ数だけ並べた二次元コード。

コ．電源を切っても記憶内容が消えないメモリ。

1		2		3		4		5	

【4】 次の説明文に最も関係の深い語を解答群から選び、記号で答えなさい。

(1) 微小な無線チップによって直接接触することなく、人や物を識別・管理するシステム。

(2) コンピュータや銀行のATMなどを利用する際に、指紋や瞳の中の虹彩などの生体情報を読み取ることで本人確認を行うこと。

(3) インターネットなどのネットワークを利用した商取引全般のこと。

(4) 記憶装置の中でファイルを分類して保存するために作られた記憶場所のこと。

(5) インストールされたアプリケーションソフトを削除し、導入前の状態に戻すこと。

```
─ 解答群 ─────────────────────────────
ア．EOS          イ．HDMI         ウ．パスワード
エ．アンインストール  オ．フォルダ       カ．バイオメトリクス認証
キ．ファイル名      ク．RFID         ケ．アップデート
コ．EC
```

(1)		(2)		(3)		(4)		(5)	

第3章

章末検定問題

【1】 次の説明文に最も適した答えを解答群から選び，記号で答えなさい。　　　　[第56回一部修正]

1．インクを，用紙の印刷面に直接吹き付けて印字する装置。
2．コンビニエンスストアなどで，商品のバーコードを読み取ることにより販売情報を記録集計し，販売分析や在庫管理に利用するしくみ。
3．HTML文書や画像などのデータを，ブラウザ側の要求に応じて提供するコンピュータ。
4．ICチップなどを内蔵し，外部の端末装置と電波で交信することによりデータの読み書きできるカード。
5．2進数の1桁で表す，コンピュータが取り扱う情報の最小単位。

```
─ 解答群 ─
ア．レーザプリンタ    イ．ビット              ウ．POSシステム
エ．バイト            オ．インクジェットプリンタ  カ．プリントサーバ    キ．電子商取引
ク．Webサーバ        ケ．USB                コ．非接触型ICカード
```

1	2	3	4	5

【2】 次の説明文に最も適した答えを解答群から選び，記号で答えなさい。　　　　[第57回一部修正]

1．記憶されたデータの読み出しのみができ，電源を切っても記憶内容が消えないメモリ。
2．写真や絵，文書などを光学的に読み取り，画像データとしてコンピュータに入力する装置。
3．文書作成ソフトウェアや表計算ソフトウェアなどで文字を入力する際，入力位置を表す画面上のしるし。
4．ユーザが必要に応じて，電子メールの本文とともに送信する画像，音声，文書などのファイル。
5．コンピュータと周辺装置を，最大127台接続できるインタフェース規格。

```
─ 解答群 ─
ア．イメージスキャナ   イ．タッチパネル    ウ．IoT      エ．添付ファイル
オ．アイコン          カ．ROM          キ．カーソル   ク．RAM
ケ．USB              コ．HDMI
```

1	2	3	4	5

【3】 次の説明文に最も適した答えを解答群から選び，記号で答えなさい。　　　　[第58回一部修正]

1．コンピュータが出力する画像や映像を，スクリーンなどに投影する装置。
2．Webページの作成に使用される言語。文字の大きさや色，ページの構造やレイアウトなどが定義できる。
3．コンピュータを効率よく利用するために，ソフトウェアやハードウェア資源などの管理や制御を行うソフトウェア。
4．ディスプレイを指先や専用のペンなどで直接触れることによって，文字の入力や画面の操作ができる装置。
5．コンピュータと周辺装置を接続し，データのやりとりを行う接続部分。

```
─ 解答群 ─
ア．EOS              イ．ブラウザ    ウ．HTML
エ．プロジェクタ      オ．EC        カ．タッチパネル    キ．プロバイダ
ク．イメージスキャナ   ケ．OS        コ．インタフェース
```

1	2	3	4	5

【4】次の説明文に最も適した答えを解答群から選び，記号で答えなさい。　　　　［第59回一部修正］

1. データの読み書きができ，電源を切ると記憶内容が失われる半導体素子。
2. 商品の受注や発注を，インターネットなどのネットワークを利用して効率的に行うしくみ。
3. 正規の利用者でない者が，不正の手段で手に入れた情報などを使用してコンピュータネットワークを利用すること。
4. ウイルス対策ソフトウェアが有している，コンピュータウイルスの個々の特徴を記録したファイル。
5. ネットワークを通じて，電子メールの送信や受信などを行う専用のコンピュータ。

―――解答群――――
ア．ハイパーリンク	イ．ウイルス定義ファイル	ウ．フィッシング詐欺	エ．RAM
オ．リアルタイム処理	カ．ROM	キ．メールサーバ	ク．EOS
ケ．ファイルサーバ	コ．不正アクセス		

1		2		3		4		5	

【5】次のA群の語句に最も関係の深い説明文をB群から選び，記号で答えなさい。　　　　［第56回一部修正］

<A群>
1. インストール
2. 制御装置
3. 検索エンジン
4. IoT
5. ワークシート

<B群>
ア．表計算ソフトウェアにおいて，作業する対象となる領域のこと。複数の行と複数の列で構成されている。

イ．主記憶装置に記憶されている命令を読み込んで解読し，他の装置に指示を出す装置。

ウ．コンピュータで利用しているアプリケーションソフトウェアを，削除すること。

エ．さまざまなモノに通信機能を持たせ，インターネットに接続し相互に通信することにより，自動認識や自動制御，遠隔計測などを行うこと。

オ．コンピュータでアプリケーションソフトウェアを，利用可能な状態にすること。

カ．主記憶装置に記憶されているデータの計算や大小比較を行う装置。

キ．インターネットで公開されている膨大な情報から，キーワードを入力することにより，効率的にWebページを探し出すシステム。

ク．青少年の健全な育成に好ましくない情報や，犯罪を誘発するような情報を含むWebサイト。

ケ．ネットワーク経由で商品の受注，発注，請求，支払いなどを一元管理するシステム。

コ．表計算ソフトウェアなどにおいて，画面上の表示されていない領域を見えるようにするため，表示範囲を移動させる操作。

1		2		3		4		5	

第3章

【6】次のA群の語句に最も関係の深い説明文をB群から選び，記号で答えなさい。 [第57回]

<A群>
1．演算装置
2．アップデート
3．ハイパーリンク
4．認証
5．フォルダ

<B群>
ア．ソフトウェアに対して機能の追加や，不具合の修正，データの内容を最新のものにする作業。
イ．コンピュータの五大装置の一つで，記憶装置の命令を解読し，コンピュータや周辺機器に指示を与える装置。
ウ．様々なコンピュータウイルスのパターンを登録したファイル。ウイルス対策ソフトがコンピュータウイルスを発見するために使用する。
エ．ユーザIDとパスワードなどにより，利用者が事前に登録された本人であるかどうかの確認をすること。
オ．コンピュータの五大装置の一つで，数値の計算や大小の比較判断を行う装置。
カ．ソフトウェアをコンピュータに保存し，必要な設定を行い，そのソフトウェアを使用可能な状態にする作業。
キ．Webページの文字や画像に対し，参照する場所の情報を組み込んで他のWebページを参照することや，コンピュータで利用する文章中の関連付けられた部分や別文書に移動する機能。
ク．インターネット上に存在するコンピュータやネットワークなどを，識別するために付けられている名前で，国名等を表す文字で構成されている。
ケ．青少年にとって好ましくないWebサイトを，閲覧できないように制限する機能。
コ．ファイルやプログラムを分類，整理し，一定のまとまりごとに保管する場所。

1		2		3		4		5	

【7】次のA群の語句に最も関係の深い説明文をB群から選び，記号で答えなさい。 [第58回一部修正]

<A群>
1．なりすまし
2．ファイルサーバ
3．相対参照
4．フラッシュメモリ
5．引数

<B群>
ア．プログラムやデータに対して，データの破壊など害を及ぼすことを目的に作成されたプログラム。
イ．表計算ソフトウェアにおいて，セルに入力した式を他のセルに複写する際，複写位置に対応して式内のセル番地の列番号や行番号が変化すること。
ウ．直径12cmの光ディスクで，映像や画像などのデータを記憶できる，約25GB以上の記憶容量を持つ記録メディア。
エ．データの保存やファイルの共有などをおこなう専用のコンピュータ。
オ．表計算ソフトウェアにおいて，セルに入力した式を他のセルに複写する際，複写位置にかかわらず式内のセル番地の列番号や行番号が変化しないこと。
カ．表計算ソフトウェアの関数で使用する，値や計算式，セル番地などのこと。
キ．データの書き込みや消去が自由にでき，電源を切っても記憶内容が消えない性質をもつ半導体を使った記録メディア。
ク．電子メールの転送や，送受信などの管理を行う専用のコンピュータ。
ケ．悪意のある者が，ネットワーク上で正規のユーザとして振る舞うこと。
コ．表計算ソフトウェアなどで計算式に使用する演算子。＋，－，＊，／などの記号。

1		2		3		4		5	

第3章

【8】 次のA群の語句に最も関係の深い説明文をB群から選び，記号で答えなさい。　　　　［第59回一部修正］

<A群>

1．URL
2．ブルーレイ
3．有害サイト
4．リアルタイム処理
5．生体認証

<B群>

ア．インターネット上に存在するWebサイトや画像などの情報資源が保存されている場所を表す文字列。

イ．金属の円盤などで構成され，磁気を利用してデータの読み書きができる，様々な用途に利用されている記録媒体。

ウ．ユーザIDとパスワードによって，個人を識別すること。

エ．インターネット上に存在するWebサイトや画像などを，キーワードを入力することで，検索できるサービス。

オ．データ処理方式の一つで，データが発生する度に，即座に処理し応答する方式。

カ．DVDでは保存しきれないような大容量のデータでも記録できる記録媒体。

キ．データ処理方式の一つで，データを一定期間ためて，一括で処理する方式。

ク．青少年の健全な育成にふさわしくない，特定のWebサイトの閲覧などを制限する機能。

ケ．指紋や声など人間の身体的な特徴を利用して，個人を識別すること。

コ．犯罪を助長するような情報，他人に対する中傷や暴力の情報など，閲覧することが好ましくないWebサイト。

1		2		3		4		5	

第3章

【9】 次の説明文に最も適した答えをア，イ，ウの中から選び，記号で答えなさい。　　　　［第56回一部修正］

1．10進数の30を2進数で表したもの。
　　ア．1110　　　　　イ．1111　　　　　ウ．11110

2．約1,000,000,000,000バイトの記憶容量を表したもの。
　　ア．1MB　　　　　イ．1GB　　　　　ウ．1TB

3．利用者にファイルを保管するための外部記憶装置の容量を貸し出すネットサービス。
　　ア．オンラインストレージ　　　イ．アップロード　　　ウ．ダウンロード

4．コンピュータに保存されたファイルやフォルダなどを利用する際に，利用者に与えられた権限。
　　ア．不正アクセス　　　　　イ．アクセス権　　　　　ウ．ユーザID

5．テレビとブルーレイレコーダなどのデジタル家電を1本のケーブルで相互に接続し，映像，音声，制御信号を送受信できるインタフェース規格。
　　ア．HDMI　　　　　イ．USB　　　　　ウ．Bluetooth

1		2		3		4		5	

【10】 次の説明文に最も適した答えをア，イ，ウの中から選び，記号で答えなさい。　　　　　［第57回一部修正］

1．10進数の11を2進数で表したもの。
　　　ア．110　　　　　　　　　　　　イ．1011　　　　　　　　　　　　ウ．1101

2．1,000,000分の1秒を表す時間の単位。
　　　ア．ms　　　　　　　　　　　　イ．μs　　　　　　　　　　　　ウ．ns

3．データ処理方式の一つで，一定量又は一定期間分のデータをまとめて処理する方式。
　　　ア．フォーマット　　　　　　　イ．リアルタイム処理　　　　　ウ．バッチ処理

4．受信者に別の人へ転送をうながす内容を含む迷惑メール。このようなメールを受け取った場合，転送してはいけない。
　　　ア．チェーンメール　　　　　　イ．スパムメール　　　　　　　ウ．フィッシング詐欺

5．処理の対象や機能をシンボル化した絵文字。
　　　ア．スクロール　　　　　　　　イ．カーソル　　　　　　　　　ウ．アイコン

1		2		3		4		5	

【11】 次の説明文に最も適した答えをア，イ，ウの中から選び，記号で答えなさい。　　　　　［第58回一部修正］

1．2進数の11101を10進数で表したもの。
　　　ア．13　　　　　　　　　　　　イ．19　　　　　　　　　　　　ウ．29

2．約1,000,000,000,000,000バイトの記憶容量を表したもの。
　　　ア．1GB　　　　　　　　　　　イ．1TB　　　　　　　　　　　ウ．1PB

3．有害なWebページへのアクセスを規制すること。
　　　ア．アクセス権　　　　　　　　イ．フィルタリング　　　　　　ウ．検索エンジン

4．電子メールにおいて複数の人にメールを送信する方法。この方法で指定したメールアドレスは他の受信者に通知されない。
　　　ア．To　　　　　　　　　　　　イ．Bcc　　　　　　　　　　　ウ．Cc

5．有害なソフトウェアの一種で，インターネットなどを通じてコンピュータに侵入し，自身を複製して他のシステムに拡散する性質をもったマルウェア。
　　　ア．スパイウェア　　　　　　　イ．トロイの木馬　　　　　　　ウ．ワーム

1		2		3		4		5	

【12】 次の説明文に最も適した答えをア，イ，ウの中から選び，記号で答えなさい。　　　　　［第59回一部修正］

1．10進数の19を2進数で表したもの。
　　　ア．1100　　　　　　　　　　　イ．10011　　　　　　　　　　ウ．11001

2．1,000,000,000,000,000分の1秒を表す時間の単位。
　　　ア．μs　　　　　　　　　　　　イ．ns　　　　　　　　　　　　ウ．fs

3．トナーを感光ドラムに付着させ用紙に転写し，定着させることにより印刷する出力装置。
　　　ア．レーザプリンタ　　　　　　イ．インクジェットプリンタ　　ウ．プロジェクタ

4．アプリケーションソフトウェアなどで作ったデータを，保存する際に付ける名前。
　　　ア．ファイル名　　　　　　　　イ．フォルダ名　　　　　　　　ウ．フォーマット

5．図のように，縦と横の両方に情報を持つコード。数値だけでなく，文字も記憶できる。
　　　ア．SSD　　　　　　　　　　　イ．JANコード　　　　　　　　ウ．QRコード

1		2		3		4		5	

第3章

第**4**章

プログラムに
関する知識

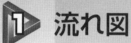

1 ▶ 流れ図

1. アルゴリズム

コンピュータは人間と比較して高速かつ正確に大量の処理を行うことができるが，コンピュータが独自で考えて処理をするわけではない。コンピュータに処理させるためには，問題を解く手順を，計算や操作の組み合わせとして定義しなければならない。この問題の解決方法やその手順のことを**アルゴリズム**という。

2. 流れ図

アルゴリズムをわかりやすく図式化したものを**流れ図**（フローチャート）といい，流れ図を作成するためのおもな記号には，次のようなものがある。

<主な流れ図記号>

記号	名称	内容
	端子	処理の始めや終わりを表す。
	準備	初期値の設定などの準備を表す。
	データ	データの入力や出力を表す。
	処理	計算などの処理を表す。
	判断	処理を分岐させる条件判断を表す。
	ループ始端※	ループの始まりを表す。
	ループ終端※	ループの終わりを表す。
	定義済み処理	別の場所で定義されている処理を表す。
	結合子	流れ図が紙幅の都合などで分離された場合の結合位置を表す。

※ 同じ処理を繰り返すことをループという。ループ始端とループ終端は同じ名前（ループ名）をつけて，どちらかにループを繰り返す条件を記述する。

流れ図は，処理手順にしたがって，原則として上から下へ，左から右へと記号を並べて，線で結んで書く。流れの向きが変わってしまう場合は，矢印をつけて見やすくし，線は交差しないようにする。

2 手続きの基本構造

1. 手続きの基本構造

アルゴリズムは，だれが見てもわかりやすいものを作ることを心がけなければならない。処理の手順の構造を**制御構造**といい，**順次・選択・繰り返し**という基本的な制御構造で表現するとわかりやすい流れ図が作成できる。

＜制御構造の種類＞

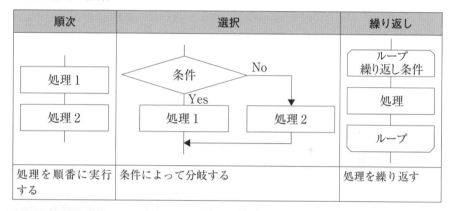

順次	選択	繰り返し
処理1 処理2	条件 No / Yes / 処理1 / 処理2	ループ 繰り返し条件 処理 ループ
処理を順番に実行する	条件によって分岐する	処理を繰り返す

2. 順次構造

処理を上から順番に実行する構造を**順次構造**という。流れ図は，処理手順に従って，流れ図記号を上から下へ並べ，線で結んで書く。

| 例題　2-1 |

「部屋に入る」という行動の手順を考えて，流れ図を作成しよう。

部屋に入るためには，「ドアを開け，部屋に入り，ドアを閉める」という処理を行う。これらの手順を流れ図で表すと，右図のようになる。

第4章

3. 選択構造

　ある条件によって処理を2つ以上に分岐する構造を**選択構造**という。判断記号の中に分岐の条件を示し，条件が成立した場合はYesの方向に，成立しない場合はNoの方向に分岐する。

例題　2-2 「傘をさすかどうかを判断する」という行動の手順を考えて，流れ図を作成しよう。

　雨が降っていれば傘をさし，降っていなければ何もしないという処理を行うことになる。これらの手順を流れ図で表すと，右図のようになる。

　Noの場合に行う処理がなければ，右図のように処理を記述しない。

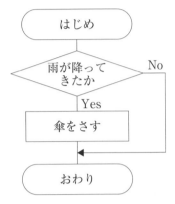

4. 繰り返し構造

　ある範囲の処理をある条件が成立するまで（あるいは成立する間）繰り返す構造を**繰り返し構造**という。流れ図は，繰り返す範囲をループ始端記号とループ終端記号で明示して同じ名前を付け，ループ始端記号の中の条件が成立するまで繰り返す。条件が成立したら，ループ終端記号の次の処理へ進む。

　なお，ループ終端記号の中に条件を記述する場合もある。条件をループ始端に記述する場合は前判定型，ループ終端に記述する場合は後判定型という。

例題　2-3 「終了時間になるまで問題を解く」という行動の手順を考えて，流れ図を作成しよう。

　「終了時間になるまで問題を解く」は，「終了時間にならない間は問題を解き続ける」と言い換えることができる。右図のように，ループ始端記号に条件を記入し，この条件を満たしている間はループ始端記号とループ終端記号の間に書かれた処理を繰り返す流れ図で表すことができる。

第4章

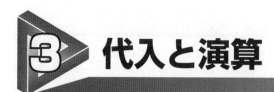

3 代入と演算

1. 変数と定数

　コンピュータがアルゴリズムに沿って処理を行うためには，処理のために用いたり，処理の結果算出されたりする数値や文字列などのデータを記憶しなければならない。

　このようなデータをコンピュータに記憶させるためには，ほかのデータと区別できるように記憶場所に名前をつけ，そこにデータを記憶する。データを記憶する場所を**変数**といい，変数の名前を**変数名**という。たとえば料金を記憶する変数の変数名を「RYO」にしたり，人数を記憶する変数の変数名を「NIN」にしたりするなど，その変数が何を記憶するものなのかがわかるような変数名にするとよい。

　定数は，データを一定時間記憶し必要なときに利用できるようにするために，データの保存場所に固有の名前をつけたものである。ただし変数とは異なり，その内容を各処理によって変更することはできない。消費税率など，誤った記述や操作などによって処理のなかで変更してはいけないものを定数として設定することがある。

第4章

2. データの入出力

（1）　変数へのデータの入力

　変数にデータを入力することを**代入**という。プログラム中で変数にデータを代入する処理は，流れ図では「→」を使って表す。たとえば，変数RYOに「800」という値を代入するときは，流れ図では「800 → RYO」と表す。

　また，キーボードなどを使って，プログラムの利用者が変数にデータを入力する場合もある。

（2）　データの出力

　処理結果などを，プログラムの利用者に対して出力する処理は，流れ図では「……を表示」のように表すことが多い。たとえば，変数KEIに記憶されている値を出力するときは，流れ図では「KEIを表示」と表す。

　出力は，プリンタで紙に印字したり，ディスプレイに表示したりすることで行う。

3. 算術演算

プログラム中で行われる演算のうち，四則演算などの算術演算を表す記号を**算術演算子**という。算術演算子には，次のようなものがある。

＜算術演算子＞

演算子	数学的な表現	意味
＋	$m+n$	たす
－	$m-n$	ひく
×	$m×n$	かける
÷	$m÷n$	わる
＾	m^n	べき乗する

算術演算では次のような優先順位で演算が行われる。同じ順位のものについては，左のものが先に処理される。

①かっこ　②べき乗　③×および÷　④＋および－

＜算術演算の優先順位の例＞

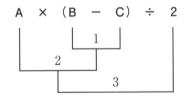

例題　3-1　　入園料800円のテーマパークがある。入園者の人数をキーボードから入力し，合計金額を求めるプログラムの流れ図を作成しよう。

以下のような流れ図で表すことができる。

4 条件判定

1. 比較演算子

制御構造のうち,「選択」や「繰り返し」においては,条件判定を行う場合がある。条件判定には,値の大小を比較する**比較演算子**を用いる。比較演算子には,次のような種類がある。

＜比較演算子＞

演算子	意味	使用例
$>$	より大きい	A $>$ B
$<$	より小さい	A $<$ B
$\geqq$	以上	A $\geqq$ B
$\leqq$	以下	A $\leqq$ B
$=$	等しい	A $=$ B
$\neq$	等しくない	A $\neq$ B

第4章

例題 4-1

入園料が年齢によって異なり,18歳以下であれば500円,それ以外であれば800円のテーマパークがある。年齢をキーボードから入力し,入園料がいくらかを求めるプログラムの流れ図を作成しよう。

以下のような流れ図で表すことができる。

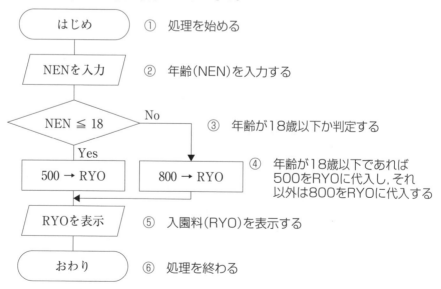

① 処理を始める

② 年齢(NEN)を入力する

③ 年齢が18歳以下か判定する

④ 年齢が18歳以下であれば500をRYOに代入し,それ以外は800をRYOに代入する

⑤ 入園料(RYO)を表示する

⑥ 処理を終わる

2. 論理演算

比較演算を複数組み合わせて論理演算を行う場合もある。流れ図のなかでは，「かつ」で論理積（AND）を，「または」で論理和（OR）を，「ではない」で否定（NOT）を表す。

例題 4-2　入園料が年齢によって異なり，12歳未満であれば無料，12歳以上18歳以下であれば500円，それ以外であれば800円のテーマパークがある。年齢をキーボードから入力し，入園料がいくらかを求めるプログラムの流れ図を作成しよう。また，「12歳以上18歳以下」を1行で表現してみよう。

以下のような流れ図で表すことができる。

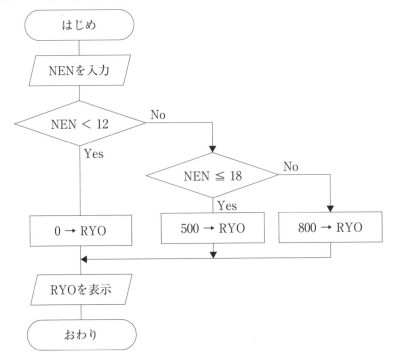

また，「12歳以上18歳以下」は，次のように表すこともできる。

NEN≧12 かつ NEN≦18

| 例題　5-1 | テーマパークにおいて，入園チケットを販売するために販売枚数を入力し，1組あたりの平均販売数を求めるプログラムの流れ図を作成しよう。ただし，販売枚数に0を入力したときに平均販売数を表示して，処理を終了するようにする。 |

以下のように流れ図を作成することができる。

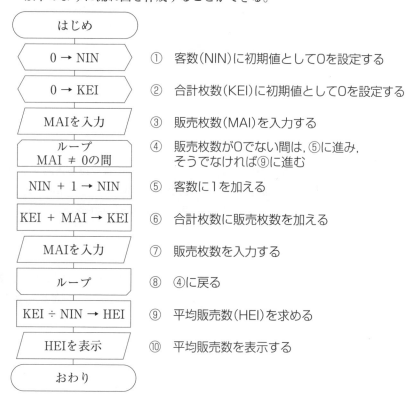

① 客数(NIN)に初期値として0を設定する

② 合計枚数(KEI)に初期値として0を設定する

③ 販売枚数(MAI)を入力する

④ 販売枚数が0でない間は，⑤に進み，そうでなければ⑨に進む

⑤ 客数に1を加える

⑥ 合計枚数に販売枚数を加える

⑦ 販売枚数を入力する

⑧ ④に戻る

⑨ 平均販売数(HEI)を求める

⑩ 平均販売数を表示する

このプログラムでは，チケットを販売するたびに1組あたりの販売枚数を入力しているが，販売枚数が0と入力された時点でループを抜け，1組あたりの平均販売数を表示するようにしている。言い換えれば，販売枚数に0と入力されない限りは処理を繰り返すということになるので，④でそのような条件の繰り返しを設定している。

平均を求めるには，客数と合計枚数が必要である。①と②で，客数と合計枚数を記憶する変数に初期値として0を記憶し，データを1件処理するごとに客数を記憶する変数に1を加算し（⑤），合計枚数を記憶する変数に販売した枚数を加算する（⑥）。最後に，合計枚数を客数で割り，平均を求めている（⑨）。

第4章

トレース

　トレースとは，プログラムの流れをたどり，各変数がどのように変化するのかを追跡することである。プログラムのしくみや状況を理解するために有効な手段である。

　トレースを行う場合は，次のようなことに注意する。

> ① 変数の変化を，一覧表（トレース表）にするとわかりやすい。
> ② 変数の中身は，変更されるまで前のデータが残り，変更後は上書きされる。
> ③ 変数の変化の法則性を見出すようにする。
> ④ 通常，除算の場合，小数点以下切り捨てである。

例題 6-1

　次の流れ図についてトレース表を作成しよう。ただし，変数Jには（ア）で「18 → 25 → 19 → 6 → 21 → 0」の順番で値を入力するものとする。

　左の流れ図について，右のようにトレース表を作成することができる。変数Kには入力された値のうち奇数の，変数Gには偶数の累計をそれぞれ求めるプログラムである。

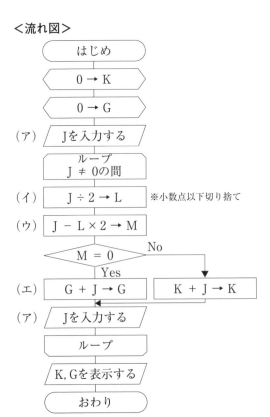

\<流れ図\>

\<トレース表\>

件数	変数	K	G	J	L	M
1件目	（ア）	0	0	18	−	−
	（イ）	0	0	18	9	−
	（ウ）	0	0	18	9	0
	（エ）	0	18	18	9	0
2件目	（ア）	0	18	25	9	0
	（イ）	0	18	25	12	0
	（ウ）	0	18	25	12	1
	（エ）	25	18	25	12	1
3件目	（ア）	25	18	19	12	1
	（イ）	25	18	19	9	1
	（ウ）	25	18	19	9	1
	（エ）	44	18	19	9	1
4件目	（ア）	44	18	6	9	1
	（イ）	44	18	6	3	1
	（ウ）	44	18	6	3	0
	（エ）	44	24	6	3	0
5件目	（ア）	44	24	21	3	0
	（イ）	44	24	21	10	0
	（ウ）	44	24	21	10	1
	（エ）	65	24	21	10	1
6件目	（ア）	65	24	0	10	1

練習問題　解答 ➡P.21

練習問題 6-1

次の流れ図にしたがって処理するとき，（ア）から（エ）の各時点での各変数値をトレース表に記入しなさい。また，最後に表示される変数Hの値を答えなさい。

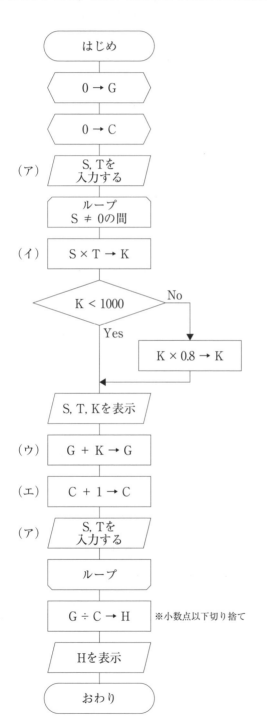

◆入力データ

件数／変数	S	T
1件目	20	30
2件目	50	50
3件目	30	40
4件目	40	20
5件目	0	0

◆トレース表

件数／変数		C	G	S	T	K
1件目	(ア)	0	0	20	30	–
	(イ)					
	(ウ)					
	(エ)					
2件目	(ア)			50	50	
	(イ)					
	(ウ)					
	(エ)					
3件目	(ア)			30	40	
	(イ)					
	(ウ)					
	(エ)					
4件目	(ア)			40	20	
	(イ)					
	(ウ)					
	(エ)					
5件目	(ア)			0	0	

最後に表示される H の値	

第4章

217

次の流れ図にしたがって処理するとき，Kに27543が入力されたときの（ア）の時点でのトレース表を完成させ，次の問いに答えなさい。

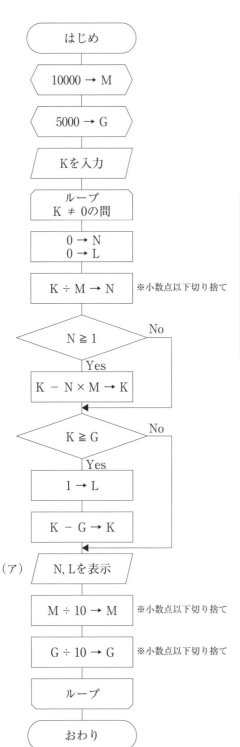

（1）はじめに表示されるNとLの値を答えなさい。

（2）（ア）の処理が3回目に行われた時のNの値を答えなさい。

（3）最後に表示されるNとLの値を答えなさい。

回数	M	G	K	N	L
1回目					
2回目					
3回目					
4回目					
5回目					

（1）	N	
	L	
（2）		
（3）	N	
	L	

章末総合問題

【1】流れ図にしたがって処理するとき，問1，問2を答えなさい。

問1．xの値が3のとき，出力されるzの値を答えなさい。

問2．xの値が11のとき，出力されるzの値を答えなさい。

問1		問2	

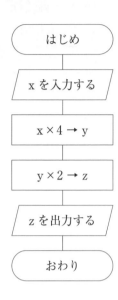

【2】流れ図にしたがって処理するとき，問1，問2を答えなさい。

問1．yの値が9のとき，出力されるaの値を答え
なさい。

問2．yの値が17のとき，出力されるaの値を答え
なさい。

問1		問2	

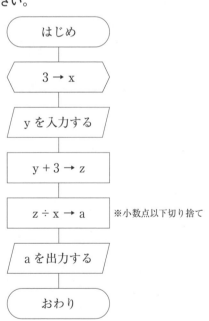

【3】流れ図にしたがって処理するとき，問1，問2を答えなさい。

問1． xの値が3，yの値が3，zの値が5のとき，出力されるcの値を答えなさい。

問2． xの値が6，yの値が7，zの値が9のとき，出力されるcの値を答えなさい。

問1		問2	

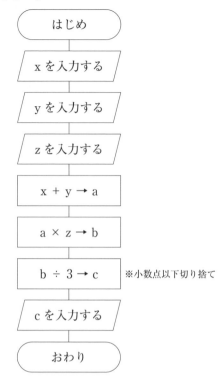

はじめ

xを入力する

yを入力する

zを入力する

x + y → a

a × z → b

b ÷ 3 → c   ※小数点以下切り捨て

cを入力する

おわり

【4】流れ図にしたがって処理するとき，問1，問2を答えなさい。

問1． bの値が9のとき，出力されるaの値を答えなさい。

問2． bの値が18のとき，出力されるaの値を答えなさい。

問1		問2	

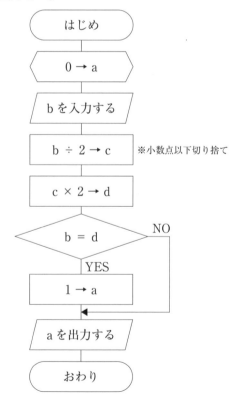

はじめ

0 → a

bを入力する

b ÷ 2 → c   ※小数点以下切り捨て

c × 2 → d

b = d   NO

YES

1 → a

aを出力する

おわり

第4章

【5】流れ図にしたがって処理するとき，問1，問2を答えなさい。

問1．sの値が5のとき，（ア）の処理を3回したときのkの値
を答えなさい。

問2．sの値が5のとき，出力されるkの値を答えなさい。

問1		問2	

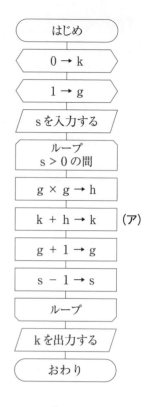

【6】流れ図にしたがって処理するとき，問1，問2を答えなさい。

問1．bの値が1，cの値が4のとき，出力されるkの値を答え
なさい。

問2．bの値が2，cの値が12のとき，出力されるkの値を答え
なさい。

問1		問2	

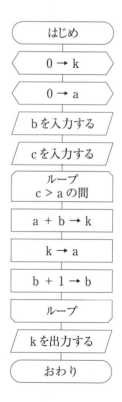

第4章

章末検定問題

【1】流れ図にしたがって処理するとき，⑴～⑸を答えなさい。なお，入力するnの値は2以上の整数，rの値はn未満の正の整数とする。　　　　　　　　　　　　　　　　　　　　　　　　［プログラミング2級第65回］

⑴ nの値が5，rの値が2のとき，（ア）の処理を2回目に実行したあとのaの値を答えなさい。

⑵ nの値が5，rの値が2のとき，（イ）で出力されるaの値を答えなさい。

⑶ nの値が7，rの値が3のとき，（ア）の処理を何回実行するか答えなさい。

⑷ nの値が7，rの値が3のとき，（イ）で出力されるaの値を答えなさい。

⑸ 流れ図の処理について説明した文のうち，正しいものはどれか。ア，イ，ウの中から選び，記号で答えなさい。

　　ア．処理を終了したとき，mの値はnの値と一致する。

　　イ．処理を終了したとき，bの値はmの値と一致する。

　　ウ．処理を終了したとき，bの値はnの値と一致する。

＜流れ図＞

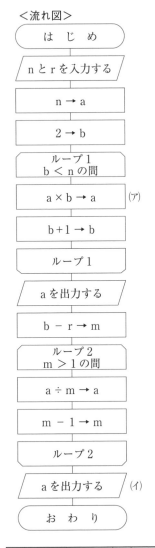

⑴		⑵		⑶		⑷		⑸	

【2】流れ図にしたがって処理するとき，(1)～(5)を答えなさい。なお，入力する n の値は 1 以上の整数とする。

[プログラミング 2 級第64回]

(1) n の値が 9 のとき，(ア)の処理を 2 回目に実行したあとの c の値を答えなさい。
(2) n の値が 9 のとき，(イ)で出力される g の値を答えなさい。
(3) n の値が18のとき，(ア)の処理を何回実行するか答えなさい。
(4) n の値が18のとき，(イ)で出力される g の値を答えなさい。
(5) 流れ図の処理について説明した文のうち，正しいものはどれか。ア，イ，ウの中から選び，記号で答えなさい。

　　　ア．処理を終了したとき，n の値は必ず 1 である。
　　　イ．処理を終了したとき，c の値は必ず 0 である。
　　　ウ．処理を終了したとき，c の値は必ず 1 である。

<流れ図>

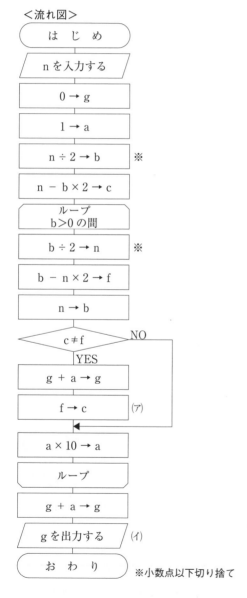

※小数点以下切り捨て

(1)		(2)		(3)		(4)		(5)	

第4章

【3】 流れ図にしたがって処理するとき，(1)～(5)を答えなさい。なお，入力するnの値は1以上の整数とする。

[プログラミング2級第63回]

(1)　nの値が1531のとき，(ｱ)の処理を3回目に実行したあとのcの値を答えなさい。

(2)　nの値が1531のとき，(ｲ)の処理を何回実行するか答えなさい。

(3)　nの値が4715のとき，(ｲ)の処理を2回目に実行したあとのaの値を答えなさい。

(4)　nの値が4715のとき，(ｳ)で出力されるcの値を答えなさい。

(5)　流れ図の処理について説明した文のうち，正しいものはどれか**ア**，**イ**，**ウ**の中から選び，記号で答えなさい。

　　　　ア．流れ図の処理中，cの値は必ず10未満である。

　　　　イ．流れ図の処理中，cの値は必ず10より大きくなる。

　　　　ウ．流れ図の処理中，cの値は必ず9である。

＜流れ図＞

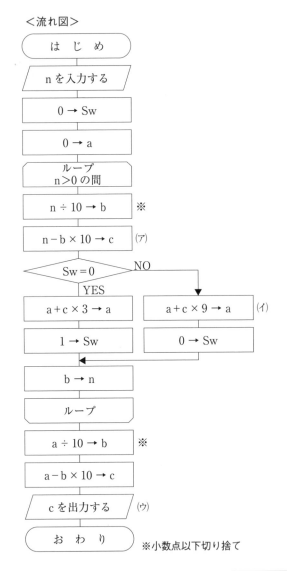

※小数点以下切り捨て

(1)		(2)		(3)		(4)		(5)	